LÄDEN 21/22

BIBLIOGRAFISCHE INFORMATION DER DEUTSCHEN NATIONALBIBLIOTHEK
Die Deutsche Nationalbibliothek verzeichnet diese Publikation in der Deutschen Nationalbibliografie;
detaillierte bibliografische Daten sind im Internet über http://dnb.d-nb.de abrufbar.

ISBN 978-3-86641-348-1

© 2022 by Deutscher Fachverlag GmbH, Frankfurt am Main. Alle Rechte vorbehalten.
Nachdruck, auch auszugsweise, nur mit Genehmigung des Verlags.

REDAKTION	Anja Haak, Aziza Freutel, Julia Schygulla und Redaktion TextilWirtschaft
GESTALTUNG	die basis, www.die-basis.de, Wiesbaden
PRODUKTION	Thomas Mattner, X-Production, Aschaffenburg
PROJEKTLEITUNG	Caroline Schauwienold, Frankfurt am Main
ANZEIGENLEITUNG	Katrin Kortmann, Kortmann Verlagsdienstleistungen, Königstein im Taunus
TITELFOTOS	Filippo Bamberghi für La Double J, Mailand
DRUCK UND BINDUNG	optimal media GmbH, Röbel an der Müritz

www.dfv-fachbuch.de
www.TextilWirtschaft.de

LÄDEN 21/22

INHALT

6	Vorwort
14	Swarovski, Mailand
18	Apropos, Gmund
20	Candiani Vision, Mailand
22	Bartels, Aschaffenburg
24	Mackage, New York
26	Thiel's by Daniel Thiel, Wiesbaden
28	Maison Kitsuné, Los Angeles
30	Rianista und Riani, Schorndorf
32	Moniker Man, Oslo
34	Bailly Diehl Menswear, Frankfurt am Main
36	Fokus Pop-up
44	Pau, Valencia
46	No Regrets – My Store, Würzburg
48	Palm Angels, Miami
50	Pico, Borken
52	Sarah & Sebastian, Melbourne
54	Studio Turan, Andernach
56	On, New York
58	Vintage Revivals, Berlin
60	Maison Margiela, Paris
62	Kaiser Lingerie, Freiburg
64	Zegna, Rom
66	Stehr's Brillenstudio, Hamburg
68	Lena Hoschek, Wien
70	Walbusch, Berlin

72	Ralph Lauren, Tokio
74	M. Schneider, Offenbach
76	Benetton, Florenz
78	Calida C Lab, Centro Oberhausen
80	Axel Arigato, Paris
82	Marc O'Polo, München
84	Daily Paper, London
86	La Double J, Mailand
102	Bründl, Kaprun
106	Benesch, Augsburg
108	Bershka, Paris
112	Jelmoli Kindermodeabteilung, Zürich
114	Görtz, Düsseldorf
116	Lynk & Co, Berlin
120	Kith, Paris
122	Ludwig Beck, München
126	Interview Martin Cserba: Das Gastgebertum wird elementar
130	Browns Brook Street, London
134	Galeria, Frankfurt am Main
136	Loeb, Thun
138	Ann Demeulemeester, Antwerpen
142	Fendi, New York
144	Feucht und Sportler, Innsbruck
148	FC Bayern World, München
150	Scotch & Soda, Den Bosch
152	Haus Dosan, Seoul
156	Burberry, London
158	Mango, Düsseldorf
160	La Samaritaine, Paris

VORWORT

Die lange Schließzeit der Läden während der Corona-Pandemie hat das Verhältnis der Menschen zum stationären Handel gewandelt. Nicht nur mussten die Selbstverständlichkeit und Unbefangenheit eines Shoppingbummels erst wieder gelernt werden, auch die Ansprüche an den Handel haben sich verändert. Das Erlebnis beim Einkaufen ist gefragter als der Erwerb des Produkts an sich. Eine Entwicklung, die bei vielen Neueröffnungen und Umbauten schon mitgedacht wurde.

OFFENE TÜREN

Dynamisch und offen. Eine von vier Rolltreppen ist fertig. Die aufwendige Neugestaltung ist Teil der seit Jahren andauernden Transformation des Berliner Department-Stores. © KaDeWe/ The KaDeWe Group

Als vor ein paar Jahren über die Zukunft des stationären Handels diskutiert wurde, tauchte auch diese Idee auf: Eintritt für den Ladenbesuch verlangen, der beim Kauf dann verrechnet wird. So sollte dem Beratungsklau etwas entgegengesetzt werden, lautete das Argument der einen. Gleichzeitig würde so auch der Besuch des Ladens aufgewertet werden, das anderer. Frei nach dem Motto, wenn etwas nichts kostet, ist es nichts wert.

Es ist eine Diskussion, die vor dem Hintergrund der Erfahrungen des Handels während der Corona-Krise wie aus einer weit zurückliegenden Vergangenheit wirkt. Die Ladentüren öffnen zu können, war 2021 alles andere als selbstverständlich. Und auch nachdem viele Beschränkungen in der zweiten Jahreshälfte gefallen sind, bleiben die Besucherzahlen immer noch hinter dem Vor-Corona-Niveau zurück. Dass dieses

Ganz großes Kino. Apple verbindet im geschichtsträchtigen Tower Theatre in Los Angeles die Historie der Stadt mit einladender Shopping Experience und neuester Hightech. © Apple

Manege frei. Auch im Backoffice kommt's auf das kreative Umfeld an. Vor allem, wenn es so wie bei Breuninger um eine Location für Content Production geht. © Breuninger/Alexander Fehre

Nur für kurze Zeit. Aber mit Design-Anspruch. Pop-ups haben Konjunktur, hier Triangle im Münchner Luitpoldblock in Kooperation mit Andreas Murkudis.
© Constantin Mirbah

überhaupt wieder erreicht werden wird, bezweifelt eine Vielzahl von Experten.

Denn die Verbraucher haben sich verändert. Während der langen Wochen und Monate des Lockdowns haben viele Online-Shopping als zusätzlichen Einkaufskanal für sich entdeckt. Wie stark diese Hybridisierung des Konsums den Stellenwert des stationären Einkaufens verändern wird, wird sich erst in ein paar Jahren in der Rückschau zeigen. Darauf wollen viele Handelsunternehmen nicht warten. Und sie können es auch nicht. Denn die Veränderung der Konsumgewohnheiten ist umfänglich und vor allem unumkehrbar.

Was also tun? Wie den Menschen, die nach monatelangen Schließungen zum Teil auch erst wieder im stationären Einkaufen ankommen müssen, ein Erlebnis bieten, das sie in die Läden holt und sie dort dann auch hält? Etwa indem Einkaufsorte geschaffen werden, die schon fast museal anmuten. So hat OMA, das von Rem Koolhaas gegründete Rotterdamer Architektenbüro, im Zuge der Neugestaltung des KaDeWe eine holzverkleidete Rolltreppe geschaffen, die mehr Raumobjekt als Nutzungsgegenstand ist. Und die so allein schon einen Besuch in dem Berliner Traditionskaufhaus wert ist.

Einen Ort, den es zu entdecken und an dem es weit mehr als das reine Einkaufen zu erleben gilt, präsentiert der Sportfilialist Bründl in Kaprun. Das Haus, das schon bei seiner Eröffnung 2008 für Aufsehen sorgte, wurde jetzt noch einmal weitergedacht und -gestaltet. Optischer Höhe-Punkt: der Skywalk in 20 Meter Höhe, von dem aus sich das Bergpanorama genießen lässt. Auch hier liegt eine Vision einer anderen, einer neuen Ansprache von Kundinnen und Kunden zugrunde: Es werden Orte geschaffen, die für sich sprechen. Und die auf einen Besuch einladen.

Viele dieser Leuchttürme haben schon allein wegen ihrer Lage einen hohen Anteil an Touristen unter ihrer Kundschaft. Gerade in den Mittelzentren, in denen der Unternehmenserfolg aber von einer treuen Stammkundschaft abhängt, braucht es andere Ideen, um Kunden immer wieder neu zu motivieren, vorbeizuschauen. Das kann ein zusätzlicher Anreiz sein, der nicht immer glamourös sein muss. So bestückt das Kaufhaus Ganz in Bensheim in Zusammenarbeit mit REWE auf seiner Fläche seit Herbst 2021 ein paar Meter Kühlregal mit frischen Lebensmitteln des täglichen Bedarfs. Wer noch schnell hereinhuscht, um Milch, Eier oder Butter zu kaufen, greift dann vielleicht auch noch bei einem Kleid oder Buch zu.

Die Bedarfsdeckung ist der eine, das Angebot an stetig wechselnden Reizen der andere Ansatz. Bei letzterem bedarf es eines stetigen Wandels des Sortiments. Das sollte dann auch noch möglichst einmalig, individuell

Think outside the box. Dafür steht das südkoreanische Brillen-Label. Auch in seinem neuen Store in Shanghai steht das Erlebnis im Fokus. Mit Pferdeskulpturen in Lebensgröße und Spinnen-Robotern.
© Gentle Monster

Mit Weitblick. Der Hamburger Traditionsoptiker Bode will nach seinem Umbau ein besonders aufmerksamer Gastgeber sein und mit neuem Design allen Generationen gerecht werden.
© Schwitzke

kuratiert sein. Eine wachsende Herausforderung für die Einkäufer, aber auch für die Flächengestalter. Der Verkaufsraum muss jetzt und künftig mehr als eine Funktion erfüllen. Er soll Bühne und Laufsteg für Fashionshows sein, dem Publikum einer Lesung Raum oder auch mal genügend Fläche für einen Blumenstand bieten. Und notfalls auch einer Postfiliale als Untermieter den richtigen Platz geben.

Für schnelle, nur temporäre Reize sorgen zunehmend Pop-up-Lösungen. Dabei sind diese längst weit entfernt von einfachen Regalen, die auf eine Fläche gestellt werden. Vor allem die Luxusmarken erschaffen für einige wenige Wochen ganze Shopping-Traumwelten für ihre Markenbildung und -bindung. Immer im Blick: Kulisse sein für das nächste Selfie. Diesen Kulissenbau hat Breuninger mit der Eröffnung seines »Modezirkus« auf die Spitze getrieben. Auf 450 m² ist in einer Logistikhalle eine dreidimensionale, an eine Zirkusmanege erinnernde Kulisse entstanden. Vor ineinander verschränkt angebrachten Spiegeln, silber-weiß gestreiften Wänden und auf einem auch mal rot-weiß gestreiften Boden werden jetzt die Looks für den Online-Shop geshootet. Es könnte aber auch die Blaupause für instagrammable Ecken auf den Flächen sein.

Das sind Inszenierungen, die nach Spaß, nach Unterhaltung schreien. Entertainment pur. Die aber wohl nur dann funktionieren, wenn die Kundinnen und Kunden sich willkommen fühlen und sich so entspannen können. »Kein sehr großer Laden. Praktische, sympathische, einfache Einrichtung. Möglichst lokal ausgerichtet. Qualitätsorientiert«, antwortete David Bosshart, langjähriger CEO des Schweizer Gottlieb-Duttweiler-Institutes in einem Interview mit der TextilWirtschaft auf die Frage, wie der Modeladen aussehen würde, den er führen würde. »Als Händler erkläre ich, wie das Produkt gefertigt wurde. Und dann diskutieren wir über den Preis. Und die Serviceerwartungen der Kunden. Und wir schauen uns gegenseitig in die Augen und freuen uns über eine neue Partnerschaft.«

Plakativ und zielgerichtet. Runningspezialist Rennwerk fängt die Lauf-Community in Wiesbaden in modernem Ambiente ein. © Rennwerk

Retail as a service. L&T in Osnabrück hat Platz für Vaund geschaffen, die dort Innovationen aus den Bereichen Mobilität, Unterhaltungselektronik, Küche, Haushalt und Lifestyle präsentieren. © Vaust

Spielerisch, aber nicht lieblich. Luxushändler Minimodes lockt die Kids in Mailand im Bauhaus-Design. © Minimodes

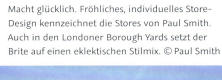

Macht glücklich. Fröhliches, individuelles Store-Design kennzeichnet die Stores von Paul Smith. Auch in den Londoner Borough Yards setzt der Brite auf einen eklektischen Stilmix. © Paul Smith

Sich auf Augenhöhe begegnen und dabei ein aufmerksamer und achtsamer Gastgeber zu sein, diesen Weg scheinen viele Handelsunternehmen als den richtigen in die Zukunft ausgemacht zu haben. Dieses, die Kunden mit offenen Armen empfangen, schlägt sich so auch in der Gestaltung nieder. Der Trend der sich öffnenden Schaufenster setzt sich fort. Ludwig Beck hat für die Neugestaltung seiner DOB-Premium-Fläche aus der Fassade im ersten Stock eine große Fensterfläche gebrochen. Jetzt lässt sich von dort aus direkt auf den Marienplatz schauen. Bei Loeb in Thun gibt die Verglasung den Blick auf die vorbeifließende Aare frei. Passend zum Gastgebergedanken wurde dort jetzt auch ein Café eingerichtet. Der Handel bindet sich so wieder näher an die Stadt, öffnet sich für Besucher, zeigt, »Wir freuen uns, wenn ihr uns besucht« und gibt so den Menschen ein Gefühl des Willkommenseins, des Verbundenseins und des Ankommens in dieser neuen Realität des Einkaufens. Die auch einschließt, dass dem ausgedehnten Besuch im Store dann der Kauf per Mausklick folgt.

Aziza Freutel

< 500 m²

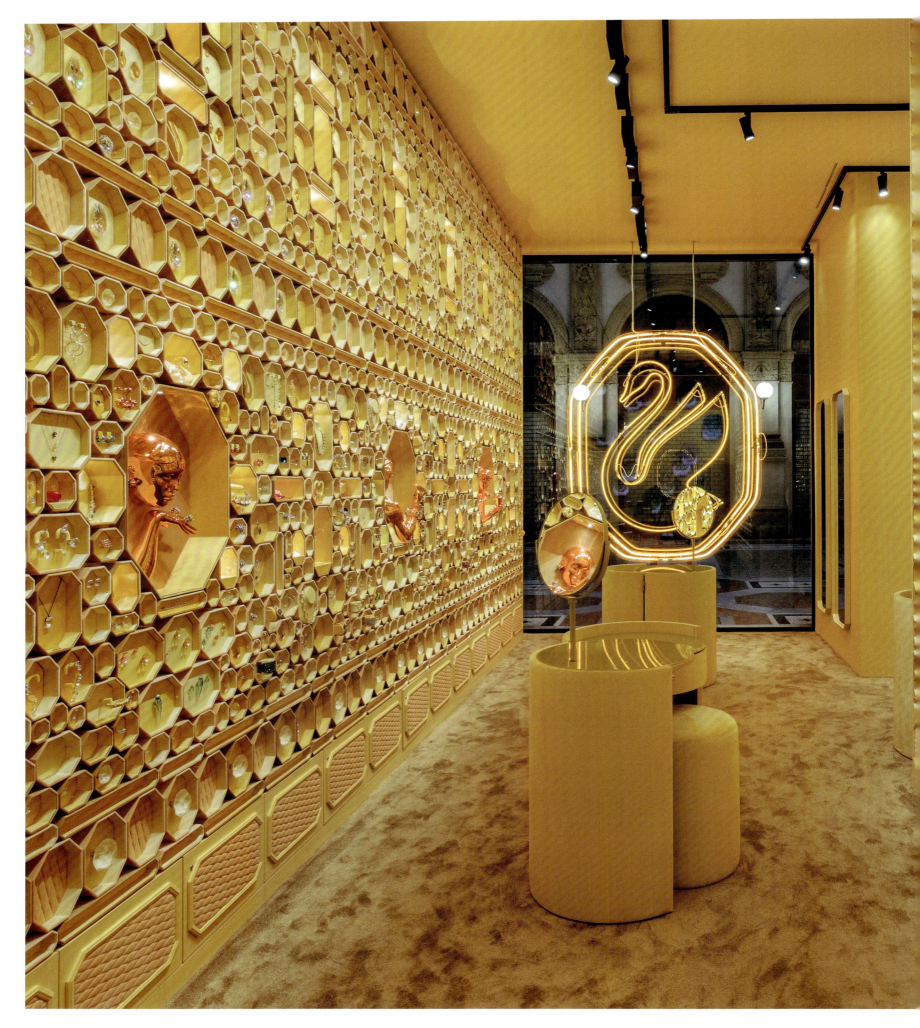

SWAROVSKI, MAILAND

Im Mai 2020 ernannte Swarovski-CEO Robert Buchbauer mit Giovanna Engelbert erstmals eine übergreifende Kreativdirektorin. Sie hat nicht nur das seit Jahren existierende Schwanen-Logo neu belebt, sondern auch ein spektakuläres Store-Konzept entwickelt.

GESTALTUNGS-FORMEL MIT ACHT ECKEN

Nichts weniger als ein neues Kapitel soll mit dem neuen Store-Konzept nach dem Wunsch von CEO Robert Buchbauer aufgeschlagen werden. Nachdem 2020 die Umsätze um rund ein Drittel einbrachen und in Folge dessen etliche Mitarbeiter entlassen und 750 der 3000 Läden weltweit geschlossen wurden, verfolgt er eine neue Strategie für das Kristallunternehmen. Weniger, dafür größere Stores und ein Sortiment, das noch mehr auf Luxus setzt. Im Rahmen dieser Neuausrichtung startete im Herbst 2020 das Store-Konzept Crystal Studios, unter anderem im Centro Oberhausen. Ein

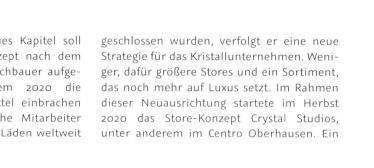

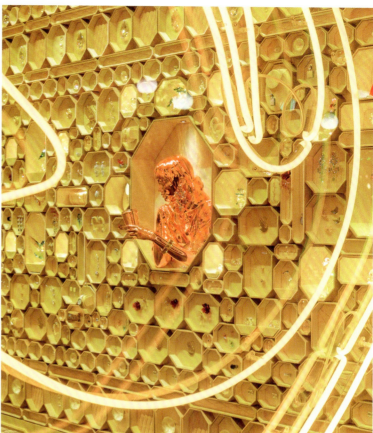

knappes halbes Jahr später präsentierte er gemeinsam mit Kreativdirektorin Giovanna Engelbert dann das neue Konzept »Wonderlab« für die Metropolen. Premiere feierte es in der Galleria in Mailand, weitere 27 Eröffnungen mit dem Konzept sollen folgen, u. a. in Berlin, Köln, Paris und am Unternehmenssitz Wattens.

Setzen die Crystal Studios eher auf klare Linien in gedeckten Farben, laden die Wonderlabs zum Abtauchen in die fantasievolle und glitzernde Kristallwelt von Swarovski ein. »Das Wonderlab ist der Ort, wo sich Wissenschaft und Magie begegnen, wo das Besondere auf Eleganz trifft und ein Gefühl des Staunens erzielt wird.« Im Zuge der Neuentwicklung des Store-Konzepts wurde auch das Logo von Swarovski überarbeitet. Der Schwan im Logo erscheint schlanker mit einem längeren Hals und einer in die Zukunft gerichteten Pose. Neu sind auch die Verpackungen der glitzernden Produkte. Engelbert hat eine achteckige Form entwickelt, die an eine Pralinenschachtel erinnern soll und auch maßgeblich die Gestaltung des Ladens prägt.

Betont instagrammable wirken die Displays, die eine goldgelbe Traumlandschaft widerspiegeln. Die Wände sind fast komplett mit achteckigen Schachteln in verschiedenen Größen bedeckt, in denen die Schmuckstücke zu betrachten sind. Dabei handelt es sich nicht nur um Schmuck, Uhren, Figurinen und Accessoires, sondern auch um Metallskulpturen und besondere Einzelstücke. Die Besucher sollen auf eine träumerische Entdeckungsreise gehen, sagt Engelbert. Virtuelle Touren durch die Läden, Sneak Previews und Live-Aktionen sollen die Stores in ihrer Wirkung unterstützen und den tieferen Einstieg in das Markenerlebnis ermöglichen. Die Stores wurden in Partnerschaft mit der Kreativagentur Villa Eugénie aus Paris gestaltet.

Galleria Vittorio Emanuele II, Piazza del Duomo, 20123 Mailand, Italien | ERÖFFNUNG Februar 2021 | GRÖSSE 49 m² | ARCHITEKTUR, LADENBAU & LICHT Villa Eugénie/Giovanna Engelbert | FOTOS Kristen Pelou

APROPOS, GMUND

Der neue Apropos-Concept-Store am Tegernsee – genauer, in Gmund, liegt erstmals nicht in einer Großstadt. Die neue Luxus-Destination steht ihren Großstadt-Schwestern aber auch in Sachen Ladenbau in nichts nach. In einem typisch oberbayerischen Haus verbirgt sich so ein nobler High Fashion-Store.

LUXUS AUF DEM LAND

Am Nordufer des Sees am Standort Münchner Straße 126 finden Apropos-Fans und solche, die es werden wollen, die neue 420 m² große Luxus-Destination. Die bayerische Landeshauptstadt München liegt rund 60 Kilometer entfernt.

Der Store soll Tradition und Moderne miteinander verbinden. Von außen: Fensterläden, Holzbalkone, Wandgemälde, die typische Anmutung einer Immobilie in einer oberbayerischen Gemeinde. Innen dann die bekannte Apropos-DNA, Marmor- und Messingelemente treffen auf Glasflächen, weiße Wände, geradlinige und kubische Warenpräsenter. Allerdings darf auch hier eine Dosis Tradition nicht fehlen. Sie spiegelt sich unter anderem in diversen Holzelementen wider.

Apropos-Macher Klaus Ritzenhöfer und Daniel Riedo versprechen »eine kuratierte Auswahl aus High End Fashion für Damen und Herren, Beauty-Produkten und Home-Highlights«. Das Sortiment umfasste zum Start unter anderem die Kollektionen Frühjahr/Sommer 2021 von Bottega Veneta, Balenciaga, Celine, Christian Louboutin, Zimmermann und Moncler. Realisiert wurde der Store in Zusammenarbeit mit dem Architekturbüro Unzen.

Der Laden am Tegernsee ist für die Apropos-Macher der mittlerweile sechste Concept-Store. Die weiteren Filialen befinden sich in Köln, München, Düsseldorf und Hamburg. Das Potenzial für einen Concept-Store im Luxussegment am Tegernsee liege »deutlich auf der Hand«, hatten Ritzenhöfer und Riedo in einem TW-Interview gesagt. Viele der Apropos-Stammkunden hätten dort zumindest ein Feriendomizil. Es gebe hervorragende Gastronomie, schon einige Fünf-Sterne-Hotels und Privatkliniken. »Wir verbringen das Jahr über viel Zeit im Tegernseer Tal und gerade in den letzten Jahren hat die Zahl an neuen Projekten im Luxussegment sehr stark zugenommen«, erklären sie.

Die Coronakrise hat den Wunsch nach einem Geschäft in dieser Region noch bestärkt. »Die Menschen arbeiten von daheim oder ziehen aus den Innenstädten in ländlichere Regionen. Tourismus findet mehr und mehr wieder national statt. Somit hatte Corona im direkten Sinne Einfluss auf die Eröffnung«, heißt es.

Der Bau des Ladens und auch die anschließende Eröffnung brachte für die Macher so manche Neuerung mit sich. »Neben dem erheblichen organisatorischen Aufwand während der Bauphase, verursacht durch die Hygienebestimmungen, ist es für uns ungewöhnlich, einen Store ganz ohne Opening Event zu eröffnen. Dies wird nachgeholt, sobald das Leben wieder unbeschwert ist«, berichtet Managing Director Henning Korb.

Münchner Straße 126, 83703 Gmund | ERÖFFNUNG Dezember 2020 | GRÖSSE 420 m² | ARCHITEKTUR Klaus Ritzenhöfer, Daniel Riedo und Henning Korb in Zusammenarbeit mit dem Architekturbüro Unzen | LADENBAU Schlechter & Co. | LICHT iGuzzini illuminazione | FOTOS Annika Feuss Fotografie

CANDIANI VISION, MAILAND

Der italienische Denim-Weber Candiani Denim hat mit Candiani Vision sein zweites Mailänder Geschäft eröffnet. Es handelt sich dabei um einen etwa 100 m² großen Laden in der lebendigen und jungen Gegend des Corso di Porta Ticinese. Ziel des Projekts ist es, den kompostierbaren Stretch-Denim Coreva zu bewerben, die Sichtbarkeit dieses Produkts zu erhöhen und die Botschaft der Kreislaufwirtschaft bei der jüngeren Generation zu verbreiten.

JEANS ZUM TRINKEN

Für den Candiani Vision Store konnte das Unternehmen u. a. Matteo Ward verpflichten, Gründer der Designagentur WRÅD, die sich insbesondere nachhaltigen Innovationen verschrieben hat. Am Eingang des Ladens möchte er insbesondere die jungen Kunden mit einem Überraschungseffekt anlocken: Minzpflanzen sollen die Neugier der Passanten wecken und sie dazu ermutigen, den Laden zu betreten und zu entdecken, was diese Pflanzen wohl mit Jeans zu tun haben.

Sobald sie eingetreten sind, können die Verbraucher sehen, wie ein Teil der Coreva-Jeans recycelt werden kann. Was übrig bleibt, kann in der Erde kompostiert und als Dünger für Pflanzen verwendet werden – in diesem Fall für Minzpflanzen. Diese wiederum kann man dann zu Tee verarbeiten oder in Getränken wie Mojito nutzen. »Eat your Jeans? Now you can!« steht deswegen auch als Botschaft auf einem großen Banner. In einem Glaskasten, der mit Coreva gedüngter Erde gefüllt ist, wachsen dann auch tatsächlich zahlreiche Minzpflanzen. Auch im restlichen Laden bilden die grünen Gewächse die Hauptdekoration. Außerdem zeigt eine interaktive Wand am Ende des Ladens auf unterhaltsame und lehrreiche Weise, wie Candiani arbeitet, um mit seinem Denim die Umwelt weniger zu belasten.

Für die Entwicklung des Coreva-Denims, der im Candiani Vision Store verkauft wird, wurde der Denim-Berater Chicco Barina hinzugezogen. Er hat die Coreva Premium Denim Capsule Collection entworfen und betreut. Die Made in Italy-Five Pockets und Shirts in drei Farben – Indigo, Schwarz und Weiß – werden im Store angeboten und verkauft. Gleich nebenan hat der andere und erste Candiani Denim Store an der Piazza Mentana seinen neuen Candiani Custom-Standort eröffnet. Er beherbergt eine »Mikrofabrik«, in der Kunden mit Candiani Denim maßgeschneiderte Jeans kaufen oder ihre eigenen Jeans anpassen, dekorieren oder reparieren lassen können.

Corso di Porta Ticinese 22, Mailand, Italien | ERÖFFNUNG Juni 2021 | GRÖSSE 100 m² |
ARCHITEKTUR Studio Atelier P | LADENBAU Castelli Costruzioni | LICHT Caprotti | FOTOS Giorgio Figini

BARTELS, ASCHAFFENBURG

Stil bewusst sehen – lautet der Slogan von Optik Bartels in Aschaffenburg. Seit 2002 führt Christian Bartels das Unternehmen. Im Frühjahr 2021 zog er mit seinem Laden um, vergrößerte die Verkaufsfläche um mehr als das Dreifache und realisierte seine Vision eines modernen Optikergeschäfts.

ASCHAFFENBURGER AUGENSCHMAUS

Heinsestraße 8, Aschaffenburg. Ein weiß verputztes Haus. Eine grau-beige Klinkerwand bis auf Schaufensterhöhe. Ein vorspringendes Vordach aus messingfarbenem Metall. An der Wand ein dezentes Schild: »Bartels. Stil bewusst sehen.« Der Laden, der sich hinter der schlichten Fassade verbirgt, hält, was der Slogan verspricht. Er bietet dem Betrachter eine Vielzahl von interessanten Blickachsen und ins Auge springenden Hinguckern – nicht zuletzt wegen der akzentuierten Farbgebung. Sonnengelbe Teppiche, Salbeifarbene Rückwände und Regale, Orangerote Hocker und Regalwände, Lavendelfarbene Vorhänge und ein samtbezogenes Sofa in Rostorange. Kräftige Farben spielen bei der Gestaltung des neuen Stores eine zentrale Rolle. Doch nicht die Einzige.

Bei der Gestaltung der 300 m² großen Verkaufsfläche setzte die Münchner Innenarchitektin Stephanie Thatenhorst auch auf geometrische Elemente und Muster. Der Kreis findet sich so als beleuchteter Eyecatcher in Form einer Deckenleuchte mitten im Verkaufsraum, aber auch als schwarzer Punkt in hundertfacher Wiederholung auf den weißen Kacheln am Verkaufstresen. Runde Marmortische kontrastieren zu langgezogenen Tischen mit acht Ecken. Bei der Gestaltung der Rückwände finden sich geometrische Muster mit langgezogenen Dreiecken und gefetteten Linien nebeneinander und sorgen so für optische Abwechslung.

Dieses Wechselspiel auf der Fläche ist Konzept. Ziel war es, den Laden wie ein modernes Loft zu gestalten, in dem sich die Besucher lange aufhalten wollen, sich entspannen können und dennoch hinter der nächsten Wand etwas Neues entdecken. Dazu wurde der Raum so gestaltet, dass unterschiedliche Ambiente entstehen. Der Wohnzimmerbereich im Mid-Century-Style lädt mit den gemütlichen Sitzmöglichkeiten zum Verweilen und Relaxen ein. Ein Esszimmer mit Designer-Tisch ist der passende Ort für Gespräche über die Brillen oder andere optische Hilfsmittel. An der Küchenzeile und der Bar bleibt Zeit für einen Espresso und ein kurzes Gespräch. Die offene Werkstatt ermöglicht einen Blick hinter die Kulissen und verdeutlicht Bartels Anspruch an sein Handwerk.

Besonderes Augenmerk legte er auch auf den Bereich, wo die Kundinnen und Kunden ihre Brille abholen. Dort laden bequeme Sessel, aber vor allem ein großer Spiegel dazu ein, die neue Brille ganz in Ruhe in Augenschein zu nehmen. »Schließlich ist jede neue Brille ein ganz besonderes Ereignis, das uns ein neues Aussehen gibt und dem wir gebührenden Raum einräumen wollen«, sagt Bartels.

Heinsestraße 8, 63739 Aschaffenburg | ERÖFFNUNG Mai 2021 | GRÖSSE 300 m² | ARCHITEKTUR Mike Wienand | LADENBAU & LICHT Stephanie Thatenhorst | FOTOS Felix Krumbholz Photography

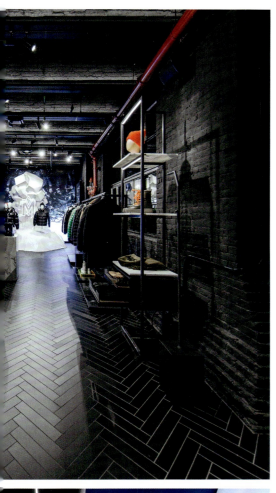

MACKAGE, NEW YORK

Mackage expandiert. Im Januar eröffnete ein neuer Flagship-Store der Outerwear-Brand in New York City. Das Design: Schwarzes Fischgrätparkett und eine dunkle Wendeltreppe stehen im Kontrast zu einem sich über zwei Etagen erstreckenden Eisberg. Entworfen hat das Interior das kanadische Innenarchitekturbüro Burdifilek.

THE DARK SIDE OF MACKAGE

Der 320 m² große Store im In-Viertel Soho bringt die ganze Produktwelt der Aufsteiger-Brand inklusive Womenswear, Menswear, Kidswear und der im Herbst 2020 lancierten Footwear über zwei Etagen auf die Fläche. Für die Gestaltung des Ladens, der sich in einem für den Standort typischen historischen Gebäude befindet, wurden die Architekten von Burdifilek angeheuert.

Die originale Bausubstanz des im Jahr 1890 erbauten Hauses wurde soweit es geht erhalten und über neue Farbgebung in die Gestaltung einbezogen. Wie etwa die typischen Backsteinwände oder die Böden in Fischgrätoptik. Ein spielerischer Mix aus verschiedenen Hölzern und Oberflächen aus Stein, der sich mal Ton in Ton oder in harten Kontrasten von Schwarz und Weiß, dunkel und hell präsentiert, steht im Fokus bei der Gestaltung der Räume im Allgemeinen und den Warenträgern, Regalen und weiteren Möbeln. Dunkel ist tatsächlich auch das Attribut, das den Laden wohl am besten charakterisiert, denn Böden, Decken, Wände sind hauptsächlich in dunklen Farben bis zu Tiefschwarz gestaltet.

Auch die Wendeltreppe, sicher ein Highlight, ist aus dunklem Stahl in Italien gefertigt. Weiterer Blickfang ist der sich über zwei Etagen erstreckende gedrehte Eisberg, der als Markensymbol für die Funktionalität und Ästhetik der Mackage-Produkte steht. Passende Lichtakzente setzen Spots und Lichtleisten in der Deckenkonstruktion sowie indirektes Licht.

Das kanadische Outerwear-Label Mackage wurde 1999 von Eran Elfassy und Elisa Dahan in Montreal gegründet und ist vor allem in Nordamerika stark vertreten. Ihre gemeinsame Mission war es, Outerwear zu revolutionieren. Heute steht die Marke für innovative Silhouetten und durchdachte funktionelle Details und Materialien.

---

138 Spring Street, New York, NY 10012, USA | ERÖFFNUNG Januar 2021 | GRÖSSE 320 m² | ARCHITEKTUR Burdifilek | LADENBAU Michilli Construction | LICHT Marcel Dion Lighting Design | FOTOS Mackage

THIEL'S BY DANIEL THIEL, WIESBADEN

Mitten im Lockdown hat Daniel Thiel in Wiesbaden seinen zweiten Store eröffnet. Die Gestaltung der früheren Bar ist allerdings nicht auf Dauer ausgelegt, denn auch die Einrichtung ist käuflich.

ZUM EINKLEIDEN
UND EINRICHTEN

Trotz Pandemie hielt Daniel Thiel an seinem Plan, einen zweiten Store zu eröffnen, fest. Die passende Location war auch gefunden: eine ehemalige Bar mitten in der Wiesbadener Innenstadt zwischen Wilhelmstraße und Marktplatz, 120 m², zwei Ebenen, beste Lage, hohe Frequenz (in Normalzeiten), nur eine Minute von seinem ersten Laden Daniel Thiel entfernt. Anfang Januar 2021 starteten die umfangreichen Bauarbeiten. Es musste alles raus bis zum Rohbau. »Das war eine komplett neue Erfahrung«, sagt Thiel, der seinen anderen Laden in der Wilhelmstraße seit 2018 betreibt. »Ein solches Baby von Anfang an zu planen und zu bauen, ist ein riesiges Projekt.«

Die größte Herausforderung für ihn: sich vom Ladenbau und Konzept des ersten Stores zu lösen, um etwas Neues schaffen zu können. Unterstützung bei dieser Aufgabe holte er sich von Architektin Rabea Haag Melachrinos. Gemeinsam erarbeiteten sie das Store-Design für den neuen Standort, der den Namen Thiel's trägt in Anlehnung an die ehemalige Nutzung des Standorts als Bar. Der Kern der Ladengestaltung ist das Spiel mit Kontrasten und ein ungewöhnlicher Materialmix.

Vintage-Möbel aus Vollholz bilden eine tragende Säule des Laden-Designs. Diese hat er aus verschiedenen Quellen zusammengetragen und dann aufwendig restaurieren lassen. Weiteres Highlight: Die seitlich geschlossene Wendeltreppe, die Thiel aus dunklem Stahl hat anfertigen lassen und die beide Ebenen miteinander verbindet. Filigrane, modulare Elemente der Firma Alu Italy machen den Ladenbau komplett. Die dunklen, pulverbeschichteten Warenträger lassen sich flexibel im Raum anordnen und je nach Warenvolumen in ihrer Größe individuell anpassen. Ein enormer Vorteil für Thiel, der wie viele Händler mit hohem Warendruck zu kämpfen hat bei schleppenden Abverkaufsmöglichkeiten.

Hingucker sind auch die Wände des Stores. Sie sind gefliest. »Eine im ersten Moment ungewöhnliche Gestaltung«, gibt Thiel zu. »Schließlich ist es ein Store und kein Badezimmer. Aber die hochwertigen Fliesen der Firma Fioranese in Uni und mit Muster bilden den perfekten Hintergrund für den Laden. Das sind richtige Eyecatcher.« Die kühle Wirkung der Kacheln wird von einem weiß gekalkten Eichenboden im Fischgrätmuster neutralisiert. Kronleuchter und die vielen Spots, die an Hängeleisten befestigt sind, sorgen für eine wohnliche Wohlfühlatmosphäre.

Das Thiel's versteht sich als Concept-Store. Neben Mode, Schuhen, Taschen und Accessoires gehört das Segment Home&Living zum festen Angebot – wie auch im ersten Store. Das habe sich laut Inhaber besonders gut während der Coronapandemie entwickelt. Aktuell seien beispielsweise künstliche Blumen, die Thiel neu im Programm hat, ein absoluter Renner.

Zusätzlich hat er seit Kurzem Großformatiges wie exklusive Terrassen-Möbel im Programm. »Bei den Outdoor-Möbeln setzen wir auf hochwertige Produkte, vor allem Einzelteile. Die finden reißenden Absatz. Die Menschen wollen es sich gutgehen lassen und ihr Zuhause schön machen«, weiß Thiel. Mittlerweile habe er schon einige Häuser komplett neu eingerichtet. Ein Standbein, das er zum Full-Service ausbauen will. Unter dem Slogan: »Alles, was die Kunden im Store sehen, kann erstanden werden«, verkauft er nicht nur Ware in seinen zwei Läden, sondern vermittelt interessierten Kunden auch Kontakte zu den Herstellern.

Karl-Glässing-Straße 5, 65183 Wiesbaden | ERÖFFNUNG April 2021 | GRÖSSE 120 m², zwei Etagen | ARCHITEKTUR Rabea Haag Melachrinos | LADENBAU Alu, Fioranese | LICHT Zumtobel | FOTOS Mike Meyer

MAISON KITSUNÉ, LOS ANGELES

Der Sunset Boulevard ist neben der Fifth Avenue und dem Times Square sicher eine der berühmtesten Straßen der USA. Was also liegt näher, sich bei der Ladengestaltung Inspiration bei dieser Adresse zu holen? Das dunkle Orange eines Sonnenuntergangs ist deswegen die prägende Farbe des neuen Flaggschiffs des französisch-japanischen Labels Maison Kitsuné, das Ende Februar auf dem Sunset Boulevard 3816 eröffnet hat.

SUNSETS IN LOS ANGELES

Der 65 m² große Laden ist der erste dauerhafte Store des Labels in Los Angeles. Zuvor gab es allerdings bereits rund ein Jahr lang ein Pop-up im Culver City's Platform Shopping Center. Das Ladendesign hat Masaya Kuroki entworfen, sozusagen die japanische Hälfte der Marke, der zusammen mit dem Franzosen Gildas Loaëc 2002 das Label gründete.

Die runden Durchgänge, die mit der Tiefe des Raumes spielen und durch einen Spiegel an der Rückwand noch verstärkt werden, erinnern stark an die untergehende Sonne. Die Farbe steht aber auch für das Kalifornien prägende orangefarbene Gestein, wie es z. B. im Joshua Tree Nationalpark ganz in der Nähe zu finden ist. Steine aus den südlichen Wüstengebieten Kaliforniens sowie typische Pflanzen dienen zudem auch als Deko in zwei Displays im Schaufenster und der Ladenmitte. Kakteen und andere Wüstenpflanzen in groben Steinbrocken flankieren die Kollektion. Allerdings wurde alles in der Tradition der japanischen Gärten angelegt, sodass auch der japanische Einfluss im Ladendesign zur Geltung kommt.

Maison Kitsuné steht seit jeher für besonderen Ladenbau. Oft gibt es Kooperationen mit lokalen Künstlern oder andere regionale Bezüge. Bei einigen Läden schließt sich auch ein Gastro-Bereich, das sogenannte Café Kitsuné, an. In den Geschäften wird zudem mehr als nur Kleidung verkauft. So sind auch für diesen Store zukünftig Ausstellungen mit lokalen Künstlern, DJ-Performances und Kooperationen mit Gast-Designern geplant.

Der neue Store im Stadtteil Silver Lake ist das zweite US-Flaggschiff nach einem Laden in Soho/New York. Weltweit zählt das Label aktuell 33 Läden, darunter Paris, New York City, Los Angeles, Tokio, Hongkong, Shanghai und Seoul. Außerdem gehören zum Portfolio mittlerweile 13 Café Kitsuné. Das Unternehmen betreibt eigenen E-Commerce und beliefert nach eigenen Angaben rund 400 POS weltweit. Neben der Kollektion Maison Kitsuné gehören zum Portfolio die zeitlose Linie Maison Kitsuné Parisien und die genderless positionierte Kollektion Acide Maison Kitsuné.

3816 W Sunset Boulevard, Los Angeles, CA 90026, USA | ERÖFFNUNG Februar 2021 | GRÖSSE 65 m² | ARCHITEKTUR Masaya Kuroki & Inhouse Architect Studio | LADENBAU & LICHT keine Angaben | FOTOS Danielle Adams

#Rianista

RIANISTA UND RIANI, SCHORNDORF

Bekannte Adresse – neues Konzept. Neue Adresse – bekanntes Konzept. Diese Formulierung bringt es auf den Punkt. Der Premium DOB-Anbieter Riani hat in seiner Heimatstadt Schorndorf mit Rianista ein neues Concept-Store-Format aus der Taufe gehoben und ist dafür mit seinem Riani-Store ein paar (Fachwerk)-Häuser weiter gezogen.

GEGENSÄTZE ZIEHEN SICH AN

Die Höllgasse im historischen Kern des Fachwerk-Städtchens Schorndorf bei Stuttgart ist ein Touristen-Magnet. Über einer Back- und Weinstube wurde 1834 kein Geringerer als Gottlieb Daimler geboren. Bis heute ist der Ingenieur und Pionier der Automobilgeschichte der berühmteste Sohn der Stadt. Aber auch in Fashion-Kreisen ist Schorndorf durchaus bekannt. 1978 gründete Jürgen Buckenmaier dort die Riani Bucki Mode GmbH, 2007 wurde Martina Buckenmaier CEO des Premium DOB-Labels, und 2011 wurde schließlich der erste Store in der Heimatstadt von Riani eröffnet. In der Höllgasse 22. Nur wenige Meter von Daimlers Geburtshaus entfernt.

Anfang 2021 ist das historische und denkmalgeschützte ehemalige Badhaus erneut Premieren-Ort: Der erste Riani-Concept-Store mit dem Namen Rianista geht an den Start. Auf 80 m², in einer Atmosphäre, die minimalistisches Design und gemütlichen Altstadt-Charme mit historischen Säulen geschickt verknüpft. Das Bestandsmobiliar wurde dafür restauriert und neu in Szene gesetzt. Schwarzes Metall trifft auf farbige Akzente. Für ein Wohlfühlambiente sorgen Trockenblumen und Grünpflanzen. Angeboten werden dort It-Pieces mit Special Prices und limitierte Rianista Edition-Artikel, die speziell für den Concept-Store produziert werden. Nachhaltigkeit spiele dabei eine wichtige Rolle, heißt es. Ergänzt werden diese Artikel um Accessoires, etwa Armbänder von Ciao Koko, Kosmetikprodukte von Bayage Beauty, »Deco to buy« von HK Living und Blumendeko von regionalen Floristen. Geplant sei, das »Konzept Rianista unter Berücksichtigung eines nachhaltigen Wachstums weiter auszubauen«.

Der Höllgasse treu geblieben ist auch der Riani-Store, der ein Stück weiter gezogen ist ins ebenfalls denkmalgeschützte ehemalige Feuerwehrhaus. Gestalterisch setzt man auch dort auf eine Kombination aus den beiden Gegenpolen pittoreske Altstadt-Atmosphäre und moderner Minimalismus. Feminines Rosé trifft auf Schwarz, Holz wird gepaart mit Glas und Spiegelflächen, Plexiglas mit Kupfervlies. Außer den beiden Schorndorfer Läden betreibt Riani Stores in Münster, München (bei Lodenfrey) und Sylt.

Höllgasse 22 (Rianista), Höllgasse 13 (Riani), 73614 Schorndorf | ERÖFFNUNG Januar 2021 (Rianista), Februar 2021 (Riani) | GRÖSSE 80 m² (Rianista), 110 m² (Riani) | ARCHITEKTUR keine Angabe (Rianista), Hahn & Hahn (Riani) | LADENBAU Schreinerei Bott | LICHT Knödler | FOTOS Riani & Bernhard Frei Fotografie

MONIKER MAN, OSLO

Gerade einmal sieben Monate nach der Eröffnung ihres Moniker-Stores für Damen, ging das Ehepaar Anett Ringstad Jalland und Jørgen Jalland mit einem Männer-Store an den Start. Wie im Store für die Frauen inspirierten auch hier berühmte Persönlichkeiten die Sortiments- und Ladengestaltung: Alain Delon und Paul Newman.

DER CHAMÄLEON-STORE

»Moniker Man ist ein Chamäleon. Mit von verschiedenen Männern inspirierten Charakterzügen.« Es sind nur diese knappen Sätze, mit denen Anett Ringstad Jalland und Jørgen Jalland das Konzept ihres neuesten Stores beschreiben. Nach der Eröffnung von Moniker, einem 600 m² großen Store mit Mode und Accessoires für Frauen, ging im November 2020 das Pendant für Männer an den Start. Mit 250 m² zwar nur halb so groß wie der Damen-Store, doch mit demselben Anspruch an Gestaltung und Sortiment.

Wie im Woman-Store standen auch bei Moniker Man Berühmtheiten Pate. Im Falle des Man-Stores die Schauspieler Alain Delon und Paul Newman. »Ihre Stärken und Fähigkeiten variieren, aber sie repräsentieren beide den komplexen modernen Mann«, sagen die Moniker Man-Macher. Während Paul Newman dabei eher für den ehrgeizigen Typ stehe, verkörpere Alain Delon den sensiblen, empfindsamen Mann. Beide Typen prägen die Gestaltung eines Teils der Verkaufsfläche. Dafür haben die Inhaber Moodboards zu jedem erstellt. Bei Newman, der auch ein passionierter Rennfahrer war, dominieren Themen wie Geschwindigkeit, Rennautos, starke Farbtöne wie Rot und Blau, klare Linien, dunkles Holz und glänzendes Metall. Bei Delon finden sich Bilder vom Sommerurlaub an der Côte d'Azur mit bunten Sonnenschirmen, weißgetünchten Hauswänden und gelben Sonnenliegen am blitzblauen Pool auf dem Moodboard. Für beide Bereiche wurde sogar der Firmenschriftzug in einer passenden Typo gesetzt: Bei Newman eher klar und bold, bei Delon zarter und verspielter.

Diese Zweiteilung ist auch auf der Fläche, auf der Mode, Schuhe und Accessoires von Marken wie Acne Studios, Adidas, Ermenegildo Zegna, Golden Goose, Helle Mardahl, J. Lindberg, Lacoste, New Balance, Piacenza, Tom Wood, Veja und Zanone angeboten wird, unübersehbar. Geometrische Stahlregale in Kombination mit glänzendem Lochblech und einer dunklen, auffällig gemaserten Holzwandverkleidung bilden einen starken Kontrast zu gelb-weiß gestreiften Wänden, die an einen Sonnenschirmstoff erinnern. Ausladende Grünpflanzen und ein in Pastellfarben gemusterter, hochflooriger Teppich verstärken den Eindruck von einem flirrenden Sommertag am Mittelmeer – und das mitten in Oslo.

Valkyriegata 3, 0336 Oslo, Norwegen | ERÖFFNUNG November 2020 | GRÖSSE 250 m² | ARCHITEKTUR Snøhetta | LADENBAU Finstad & Jørgensen | LICHT SML Lighting | FOTOS keine Angabe

BAILLY DIEHL MENSWEAR, FRANKFURT AM MAIN

Bailly Diehl ist eine Institution im Multilabel-Handel im Rhein-Main-Gebiet. Seit 1974 im Geschäft, 14 Multilabel-Stores, 4 Timberland-Läden. Die Sortimente und die Läden: individuell, kein Mainstream. Jetzt hat Michael Bailly einen neuen Menswear-Store in Frankfurt eröffnet.

POPPIG, WIE EIN POP-UP

Das Prinzip Bailly Diehl konnte sehr gut beobachten, wer an einem Samstagabend kurz nach der Eröffnung des neuesten Stores im Bailly-Portfolio am Frankfurter Kornmarkt vorbeischlenderte. Vielleicht hat man ein paar Bässe gehört, ganz sicher aber ein paar Jungs gesehen, die nach Ladenschluss noch auf der Fläche tanzten, Cocktails in der Hand und mittendrin: Michael Bailly selbst. Seit 1974 in diesem Business, Inhaber von 14 Bailly-Diehl Stores und vier Timberland-Franchise Läden.

»Für uns sind drei Kriterien wichtig: Begrüßungskultur, Beratungskultur, Verabschiedungskultur. Eine solche spürbare Emotionalität und Nähe können Sie bei keinem Großfilialisten erleben«, sagt Bailly. Es geht ihm um Kundenbindung, um die Vermittlung eines Lebensgefühls und Freude – über den Kauf der bloßen Klamotte hinaus. Den Punkt, an dem die Jungs im neuen Store zum Schluss sagen: »So geil hier, das ist mein Laden.«

Der neue Menswear-Laden ist strenggenommen der zweite am Standort Frankfurt. Allerdings ist der erste wegen einer Großbaustelle zurzeit nicht mehr zu erreichen. Geschäft nicht möglich. Aufgeben für Bailly aber auch keine Option. »Ich möchte nicht für zwei, drei Jahre Baustellen-Zeit mehr als eine Million Euro Herrenmode-Umsatz preisgeben.« Als sich die Gelegenheit am Kornmarkt ergibt, wo das Einrichtungshaus Kontrast seine Innenstadtfiliale aufgegeben hat, greift er zu. Die Miete für den 200 m² großen neuen Menswear-Store liegt zwar rund 20 % höher als am alten Standort. Die Opportunitäten seien aber ungleich größer. Der Start sei vielversprechend gewesen. Brands von Harris Wharf bis Hannes Röther, Kiefermann, Circolo und Filippa K. hätten »extrem hohe Abverkaufsquoten« verzeichnet.

Der Mut zur Nische gekoppelt mit großer Kundennähe zahlt sich aus und ist nicht zuletzt ein weiteres wichtiges Distinktionsmerkmal gegenüber Großformen. »Die Labels sind weitgehend unbekannt. Das muss über die Optik, über die Emotionalität, über die Überraschung verkauft werden.« Entsprechend hat er auch den neuen Store gestaltet. Bunt, poppig, fast ein bisschen wie ein Pop-up-Store. Eine besondere Herausforderung war es, die verschiedenen Ebenen des Stores hervorzuheben und gleichzeitig genügend Transparenz und Übersichtlichkeit zu schaffen. Damit das Sortiment für den Kunden leicht erkennbar ist.

Eyecatcher sind die in den typischen Bailly Diehl-Farben Blau und Gelb gestrichenen Säulen und die Farbe Orange, die sich sowohl an den Rückwänden als auch auf diversen Sitzgelegenheiten vom kleinen würfelförmigen Hocker bis zur Bank auf der Empore wiederfindet. Eine Sitzbank mit knallgelbem Steppbezug und wohl dosiert eingesetzte Grünpflanzen sorgen mit der Möblierung in Holz und Metall für die Portion Wohnlichkeit auf der Fläche. Auch das gehört zum Prinzip Bailly Diehl.

Kornmarkt 7, 60311 Frankfurt | ERÖFFNUNG September 2021 | GRÖSSE 200 m², zwei Etagen | ARCHITEKTUR Kandora + Meyer | LADENBAU Schumann Möbelwerkstätte | LICHT keine Angabe | FOTOS Kai Pfaffenbach

FOKUS POP-UP

GEKOMMEN UM ZU BLEIBEN

Schon vor der Pandemie waren temporäre Einzelhandelsflächen der letzte Schrei für Unternehmen. Nach weltweit oft monatelangen Corona bedingten Schließungen und darauffolgenden unsicheren Zeiten gewinnen Pop-up-Formate weiter an Bedeutung. Als Testballon für neue Flächenkonzepte, neue Lagen und neue Zielgruppen. Aber auch um den Kunden immer wieder zu überraschen. Nicht selten werden daraus permanente Verkaufsorte. Sieben spannende Beispiele.

© Michael Baumgar

© Bottega Veneta

Bottega Veneta, Seoul

Ein Klangerlebnis in ganz besonderer Umgebung bietet der Pop-up-Store von Bottega Veneta in der südkoreanischen Hauptstadt, inspiriert von der nahen Hyundai Card Music Library. Im Laden selbst dienen silberne, wie aufgeblasen wirkende Strukturen als Material für sämtliche Warentische und Präsentationsdisplays. Dem Store vorgelagert ist ein mit 24 Boxen ausgestatteter Kubus in silbernem Design. Bewegt man sich durch den Raum, wird dadurch ein Klangerlebnis ausgelöst.

© Coach

Coach, Singapur

Die Accessoires-Marke feierte den 80. Geburtstag mit dem Pop-up-Store »Tomorrows Vintage« in Singapur. Das temporäre Format wurde laut Coach als »Hommage an die Coach-Stores der Vergangenheit« entworfen. Hinter der leuchtend gelben Fassade präsentiert das Label auf abgenutztem Fliesenboden und antiken Holzmöbeln Taschen aus der Archiv-Kollektion von Coach. An der Craftsmanship-Bar können interessierte Kunden ihre Lederwaren reinigen, reparieren und mit Monogrammen versehen lassen.

Etro, Forte dei Marmi

In diesem noblen italienischen Badeort an der toskanischen Küste hat sich Etro mit dem lokalen Luxus-Einzelhändler Fiacchini zusammengetan und eine temporäre Fläche für die Sommersaison geschaffen. Displays, die den Look der Umkleidekabinen von Forte dei Marmi widerspiegeln und eine Paisley-Tapete in Blau und Weiß sind das Herz des Stores. Doch Etro geht noch einen Schritt weiter und hat für einen der exklusivsten Strandclubs des Ferienortes Pavillons, Sonnenschirme, Liegestühle, Strandtücher und ein Paddelboot mit dem ikonischen Paisley-Muster dekoriert.

© Etro

Golden Goose, Capri

An dem beliebten Urlaubsziel des Jetsets eröffnete die Brand eine 40 m² große Fläche. Sie ist von der für die Insel typischen Inneneinrichtung inspiriert. Ein Highlight: eine Bank aus zwölf Boxen in der Mitte des Stores, die komplett mit Gold überzogen ist. Farblich geben die roten Wände, die von einem lokalen Kunsthandwerker bemalt wurden und an die Fassaden der Via Camerelle, Capris berühmter Einkaufsstraße, erinnern, den Ton an.

© Golden Goose

© Marni

Marni, New York
Takeover am Strand von Shelter Island, New York: Dort übernahm Marni nicht nur temporär die Gestaltung der Außen- und Innenbereiche des Sunset Beach Hotels, sondern eröffnete auch einen Pop-up-Store. Orangefarbene und gelbe Wände gaben der Damen- und Herrenkonfektion sowie Accessoires der Frühjahr/Sommer-Kollektion 2021 von Marni Raum. Auf handgefertigten Marni-Liegen, Schaukelstühlen, Bänken und Hockern konnten sich die Besucher entspannen.

© Michael Baumgarten

Louis Vuitton, Paris

Um die aktuelle Menswear-Kollektion zu promoten, hat Louis Vuitton-Kreativkopf Virgil Abloh im Frühjahr dieses Jahres in Paris einen temporären Store im Regenbogen-Look eröffnet. In prominenter Lage, nahe der Pont Neuf, wartete die Fläche vor allem mit ikonischen Abloh-Kreationen in bunten Farben auf. Der Pop-up war auch eine Wiederbelebung der farblichen Idee, die Abloh bereits in seiner ersten Show für das Luxushaus zum Frühjahr/Sommer 2019 auf den Weg gebracht hatte.

On Travel Agency, Berlin

Zur Präsentation des neuen Turnschuhmodells »Cloudaway« eröffnete das Unternehmen kurzerhand ein Reisebüro in Berlin. Daraus wurde die »Cloudaway Travel Agency«, ein Reisebüro im Stadtteil Neukölln, eine »Anlaufstelle für Slow Travel und lokale Geheimtipps«. Rund ein Dutzend ausgewählter Expertinnen und Experten, die sich in der Umgebung bestens auskannten, gewährten Interessierten spannende Einblicke in die Stadt. Die angebotenen Aktivitäten reichten von Genusstouren über Kunstführungen bis hin zu Ausflügen in einen versteckten uckermärkischen Garten. Es wurden aber auch Runs angeboten, die an Architektur- oder Street Art-Highlights vorbeiführten.

© On Travel Agency

PAU, VALENCIA

Ein nur 200 m² großer Store, bestehend aus neun Räumen – das ist das Besondere am brandneuen Store der Stylistin Pilar Pau. Mitten in Valencia hat sie sich damit einen Traum erfüllt. Die Traumerfüller waren, zumindest was das Ladendesign betrifft, die Architekten des spanischen Architekturbüros Estudio Diir.

RÄUME ZUM ENTDECKEN

Wer die Möglichkeit hat, einen Store von Grund auf zu konzipieren, hat die absolute Gestaltungfreiheit. Wie kreativ man einen simplen, quadratischen Raum von 14 x 14 Meter nutzen kann, zeigt das Architekturbüro Estudio Diir aus Madrid im neuen Store Pau. Inspiriert wurden die Architekten dabei von Palästen des 18. und 19. Jahrhunderts, wo man Räume geschickt miteinander verband, um das Raumerlebnis zu verbessern.

Im Store von Pilar Pau gelingt das durch eine ganz klare Aufteilung der quadratischen Fläche in ein 3x3-Raster, wodurch neun gleichgroße quadratische Räume entstehen, von denen der mittlere den Treppenaufgang bildet. Da das Geschäft im ersten Obergeschoss liegt, werden die Kundinnen durch eine offene und architektonisch besondere Treppengestaltung quasi in den Laden hineingezogen. Unter der Treppe verbergen sich zudem die Umkleidekabinen.

Im oberen Stock gruppieren sich die verbleibenden acht Räume um den Treppenaufgang herum. Sie sind wiederum alle durch Durchgänge verbunden, wodurch spannende Sichtachsen in alle Richtungen entstehen. Durch die großen Fensterfronten in den vorderen drei Räumen werden auch die hinteren Räume mit Tageslicht erhellt. Weitere Lichtquellen nimmt man kaum wahr, denn die Leuchten sind entweder in den Decken eingelassen oder erhellen nur indirekt die Wände. Dennoch wirkt die Fläche einladend hell.

Helligkeit ist aber auch ein Merkmal der verwendeten Materialien, denn ein cremefarbener Stein aus der Gegend um Valencia wurde für Wandverkleidung und als Bodenbelag genutzt. Er bildet den idealen Hintergrund für die Kollektion. Sie setzt sich u.a. zusammen aus Namen wie Diane von Furstenberg, Twinset, Plein Sud und dem Eigenlabel der Stylistin namens Chocolat. In den vorderen Räumen gibt es zudem große Kuben aus dem gleichen Material, die als Sitzgelegenheiten dienen.

Die Raumaufteilung lädt zum Entdecken ein, bietet aber zudem die Möglichkeit, einzelne Räume für spezielle Zwecke wie Private Shopping, Events oder Sale zu nutzen. Die restlichen Räume können dann unverändert bleiben. So bietet die Unterteilung in viele Räume auch eine große Flexibilität bezüglich der Flächennutzung.

Calle Colón 43, Valencia, Spanien | ERÖFFNUNG Januar 2021 | GRÖSSE 200 m² | ARCHITEKTUR Estudio Diir | LADENBAU & LICHT keine Angaben | FOTOS David Zarzoso

NO REGRETS – MY STORE, WÜRZBURG

Unternehmensgründungen im Modehandel waren 2021 selten. Lena Groh hat sich getraut. Im unterfränkischen Würzburg hat sie einen 140 m² großen Concept-Store plus Online-Shop eröffnet, der den Vergleich mit der Großstadt nicht zu scheuen braucht. Weder beim Sortiment noch bei der Ladengestaltung.

GANZ ODER GAR NICHT

No Regrets – diese Worte sind unübersehbar auf Lena Grohs rechter Hand zu lesen. Viel mehr als nur ein Tattoo, ein Lebensmotto, eine Art Mantra. Und jetzt auch der Name ihres Stores, den die 37-jährige Würzburgerin im August in ihrer unterfränkischen Heimatstadt eröffnet hat. Die Namensfindung habe quasi am Küchentisch stattgefunden, als sie darüber nachdachte und ihr Blick auf den Schriftzug fiel: »Das bin ich. Ich möchte nie bereuen müssen, etwas nicht getan zu haben.« Und dafür stehe auch ihre Entscheidung, den sicheren Job bei H&M – zuletzt acht Jahre als Storemanagerin in Würzburg – über Bord zu werfen und etwas Eigenes zu wagen. Gekündigt hat sie zum Juni 2020, mit einer Idee und einem Business-Plan, aber noch ohne passende Immobilie. »Wenn ich etwas mache, dann ganz oder gar nicht«, sagt Groh.

Erst im Dezember wird sie fündig. Die rund 140 m² große Fläche in der Blasiusgasse passt perfekt zu ihrem Konzept. Eine gut frequentierte 1B-Lage mit großzügigen Schaufensterfronten. Den Zuschlag erhält sie im Februar 2021. Mitten im Lockdown. Innerhalb von zweieinhalb Wochen muss der komplette Einkauf für die Herbst-/Wintersaison erledigt werden. Was sie will, weiß sie genau: »Etwas ganz Neues für Würzburg. Brands, die es am Standort noch nicht gibt. Modisch, hochwertig, besonders. Ein Mix aus Womenswear, Beauty, Accessories und Living.«

Showroom-Besuche, Internet-Recherchen, private und professionelle Tipps hätten dazu beigetragen. »Im Sales und Visual Merchandising bin ich Profi, Einkauf war etwas komplett Neues für mich«, sagt Lena Groh. Zum Glück habe es bei den meisten Firmen geklappt und das Sortiment stand pünktlich zur Eröffnung Ende August: Aeron, Ducie, Extreme Cashmere, Maiami, Vicky Rader, die Denim-Labels Citizens of Humanity, Agolde und R13 sowie Athleisure-Wear von Lune Active. Von Senkrechtstarter Autry führt sie neben den Sneakern auch Bekleidung. Schuhe gibt es außerdem von Ash und Ducie sowie die bunten Clogs von Xocoi. Bei Lingerie fokussiert sie sich auf Love Stories, ein Label, das vom Start weg bei den Kundinnen extrem gut ankomme. Schmuck gibt es von Maria Black und Johanna Gauder. Accessoires von PB0110, Stand Studios, Balcon Preysing und Unio Hamburg. Abgerundet wird das Angebot durch Wohnaccessoires von Jonathan Adler und die Parfums von Bon Parfumeur, die sich auch optisch perfekt ins Ladenbild einfügen.

Bunt, wie das Sortiment ist auch der Laden. »Ich wollte Farbe und Pflanzen, das ewige Beige und Creme kann ich nicht mehr sehen«, sagt Groh. Um ihre Idee reifen zu lassen habe sie viel auf Social Media-Kanälen recherchiert, Moodboards erstellt und schließlich in der Firma Konhäuser den perfekten Partner gefunden, der ihre Ideen zügig umsetzte und um seine Ladenbau-Expertise ergänzte. Besonders wichtig sei es ihr gewesen, dass es ein Ort zum Verweilen wird. Großzügig, mit Raum, auch für Gespräche. Die kleine Sitzecke, mit einem dekorativen Metallvorhang von der Lingerie-Abteilung abgetrennt, ist so ein Ort. Oder die auffällige, großzügige Theke mit Fliesen-Optik und einer grünblau verspiegelten Rückwand. Dort geht's nicht nur ums Kassieren, es kann auch Ware präsentiert werden oder man kommt – so wie an einem Bartresen – ins Gespräch. Holz, Stahl und Fliesen bilden einen modernen Mix. Sichtbeton an den Wänden, ein Gussboden in Betonoptik und dezente pulverbeschichtete Regale stellen den Rahmen für die Ware. Einladend soll es wirken, um sich inspirieren zu lassen und gemeinsam Spaß an der Mode zu haben. Damit nicht nur Lena Groh sagt, das ist »my Store«, sondern auch ihre Kundinnen.

Blasiusgasse 9, 97070 Würzburg | ERÖFFNUNG August 2021 | GRÖSSE 140 m², zwei Etagen | ARCHITEKTUR & LADENBAU Konhäuser | LICHT keine Angabe | FOTOS Florian Maldoner

PALM ANGELS, MIAMI

Die italienische Streetwear-Marke Palm Angels hat im Design District von Miami den ersten Store auf US-amerikanischem Festland eröffnet. Der wie ein Swimming-Pool gestaltete Standort ist ein Prototyp für weitere Läden, die zukünftig in den USA und Europa starten sollen.

POOL-PARTY IN MIAMI

Neben einem Shop im italienischen Forte dei Marmi war Palm Angels bisher hauptsächlich in Asien mit stationären Läden vertreten, so unter anderem in Hongkong, Shanghai, Peking und Macau sowie Bangkok. Der erste nordamerikanische Store des zur New Guards Group gehörenden Labels wurde von der Mailänder Kreativagentur April in Zusammenarbeit mit Francesco Ragazzi, dem Gründer und Kreativdirektor von Palm Angels, entworfen und liegt im Herzen des Design Districts von Miami.

Die Gestaltung erinnert mit geschwungenen Kanten, grafischen Elementen und einer Theke aus Keramikfliesen an ein Schwimmbad, wobei das humoristische Warnschild mit der Aufschrift »No Diving« die Kunden ganz offensichtlich nicht davon abhalten soll, tief in das Sortiment einzutauchen. Auch von außen ist das Geschäft mit »Palm Angels – The Pool« überschrieben. Statt – wie man es vielleicht für einen Pool erwarten würde – in der Farbe Türkis, ist die prägende Farbe ein kräftiges Orange. Es ergänzt die weißen Fliesen und sorgt mit großen Grünpflanzen dafür, dass die Fläche nicht zu steril wirkt.

Die Inneneinrichtung wurde laut Palm Angels mit mobilen Möbeln und Displays bewusst flexibel konzipiert. So kann das Arrangement jederzeit für Ausstellungen, Live-Performances, Vorträge und Veranstaltungen umgestaltet werden. Die Auslagen sollen die Produkte als Kunstwerke hervorheben und ihnen die perfekte Bühne für ihren großen Auftritt liefern.

Palm Angels wurde 2011 von dem italienischen Fotografen und Art Director Francesco Ragazzi als fotografische Dokumentation der Skater-Kultur in Los Angeles gestartet. Aus dieser Initiative entwickelte sich ein Buch, das 2014 von Rizzoli veröffentlicht wurde. 2015 folgte eine Mode-Kollektion – laut Palm Angels ein »italienischer Blick auf die amerikanische Kultur und Subkulturen«.

173 NE 40th Street, Miami, Florida 33137, USA | ERÖFFNUNG Juli 2021 | GRÖSSE 139 m² | ARCHITEKTUR April Studio | LADENBAU & LICHT keine Angaben | FOTOS Palm Angels

PICO, BORKEN

Die Idee, ihr Angebot für Babys, Kinder und Jugendliche in einem separaten Laden unterzubringen, hatte Katharina Schmidt, die mit ihren Eltern Susanne und Hermann Honerbom und ihrem Ehemann Moritz das Modehaus Cohausz in Borken führt, schon lange. In den früheren Räumlichkeiten einer Apotheke fand sie den perfekten Ort dafür.

NEUER WOHLFÜHLORT FÜR KIDS

Über der Tür prangt ein knallgelbes Logo. Darauf der stilisierte Kopf eines Nilpferdes. »Fashion&More für coole Kids« steht in schwarzen Buchstaben darüber. Cohausz Kids und Pico darunter. »Der Name soll an unser früheres Kindermodegeschäft erinnern«, sagt Katharina Schmidt. 1980 eröffnete das Modehaus Cohausz ein eigenes KOB-Geschäft unweit des Haupthauses in der Borkener Innenstadt. »Der Laden, den wir vor zehn Jahren geschlossen haben, hieß ›Kleiner Co‹ und hatte ein Nilpferd als Logo. Der neue Laden soll daran anschließen, aber auch deutlich machen, dass sich das Konzept weiter entwickelt hat.« Viele Kunden seien mit dem Kleinen Co aufgewachsen und kämen jetzt mit ihren eigenen Kindern.

Als neues Zuhause für das Nilpferd hatte Katharina Schmidt schon lange die ehemaligen Räume einer alten Apotheke im Blick. Nur wenige Gehminuten vom Haupthaus entfernt, findet sich jetzt das gesamte Cohausz-Angebot an Artikeln für Schwangere und Babys, Mode für Kinder und Jugendliche auf knapp 380 m². »Durch den Umzug haben wir uns mit diesen Sortimentsbereichen um rund 80 m² vergrößert«, sagt Schmidt. Nach der Schließung des »Kleinen Co« war die KOB ins Haupthaus gewandert, die dort frei gewordene Fläche wird jetzt für eine luftigere Warenpräsentation genutzt.

Bei der Gestaltung der neuen Fläche, für die sie mit dem Architekten Johan Rietsema vom niederländischen Büro Binnenbrand zusammenarbeitete, standen für Schmidt ihre jungen Kunden im Fokus. »Mein Traum war es immer, eine eigene Welt für die Kinder zu schaffen, wo sie laut sein und auch mal rumrennen dürfen«, sagt Schmidt, die selbst zwei Kinder im Kindergartenalter hat. Dabei sind die Sortimentsbereiche klar getrennt. »Die Abteilung mit der Mode für die Teenies haben wir als Boutique gestaltet, sie ist auch optisch getrennt von der Kinderabteilung.« Unter anderem finden sich hier die Kollektionen von Jack&Jones, Only, Levi's, Staccato, Vingino und Marc O'Polo. Während hier Graffitis die Wände der Umkleidekabinen zieren, geht es im hinteren Bereich des Ladens verspielter zu. »Unser Kinderkarussell, das bisher in der Kinderabteilung stand, darf natürlich nicht fehlen«, sagt Schmidt. Auf einem Bildschirm laufen zudem Videos von der Augsburger Puppenkiste. Ein alter Leuchtenschirm aus der Apotheke wurde zum Warenträger umgebaut, viele Möbel von der früheren KOB-Fläche im Haupthaus wurden wieder verwendet. Insgesamt investierte das Unternehmen in den neuen Store rund 170.000 Euro.

Zum KOB-Sortiment gehören Kollektionen von Name it, Staccato, Basefield, S.Oliver und Marc O'Polo. Im Babybereich gibt es einen Laufstall für die ganz Kleinen, sodass sich die Eltern in Ruhe beraten lassen können. »Service und Beratung sind für uns besonders wichtig. Und viele Produkte für Schwangere, Stillende und Babys sind besonders beratungsintensiv«, sagt Schmidt. Auch bei den Teens komme der neue Laden gut an, erzählt sie. »Neulich hat ein 14-Jähriger gesagt, dass er den Laden cool findet. Das hat mich sehr gefreut. Ich bin überzeugt, wenn wir den Kindern schon zeigen wie toll Einzelhandel sein kann, werden sie auch als Erwachsene schöne Geschäfte zu schätzen wissen.«

Mühlenstraße 21, 46325 Borken | ERÖFFNUNG März 2021 | GRÖSSE 380 m² | ARCHITEKTUR Binnenbrand | LADENBAU van Keulen | LICHT LEDisign | FOTOS Modehaus Cohausz

SARAH & SEBASTIAN, MELBOURNE

Sarah Gittoes, kreativer Part des australischen Schmucklabels Sarah & Sebastian, ist passionierte Taucherin. Besonders scheinen es ihr Unterwasserhöhlen angetan zu haben. Denn diese haben die Inspiration geliefert für das Design des neuen Ladens des Labels in Melbourne. Schwarze Aluminiumwände treffen auf einen dunklen Holzboden. Hell erleuchtet wird nur der Schmuck.

INS SCHWARZE GETROFFEN

Das Design in die Tat umgesetzt haben die Architekten des australischen Ingenieurbüros Russel & George. Wie in einer Unterwasserhöhle geht es im Laden ziemlich dunkel zu. Ein schwarz gebeizter japanischer Holzfußboden trifft auf höhlenartig drapierte, zerknitterte Aluminiumelemente, die Wände und Decken verkleiden.

Auch Licht wird nur sehr spärlich eingesetzt. Einige rauchgraue Glas-Pendelleuchten erhellen den Raum gerade so, dass man sich darin zurechtfindet. Ansonsten werden nur die ausgestellten Schmuckstücke direkt von Spots angestrahlt. Die Ware wird so zum Highlight und soll die Korallenriffe darstellen, die auch unter Wasser immer die Eyecatcher sind.

Der Store besteht aus mehreren Räumen, die durch Tunnel verbunden sind. Kunden werden so zum Entdecken eingeladen. So entsteht zwar eine düstere, aber auch irgendwie magische Atmosphäre. Der Schmuck wird auf drei verspiegelten Warentischen präsentiert, die durch die Verspiegelung mit ihrer Umgebung verschwimmen und eins werden mit der Unterwasserhöhle. Für exklusive Kundengespräche gibt es zudem einen Private-Shopping-Raum mit einem schwarzen Metalltisch, einer Metallbank und ebenfalls dunkel verkleideten Wänden.

Beim Entwurf des Ladens haben die Macher auch an das Thema Nachhaltigkeit gedacht. Sarah Gittoes setzt sich für den Schutz der Meere ein, und es war ihr deshalb besonders wichtig, keinen unnötigen Müll zu produzieren. Das Design will sich lossagen von ständigen Renovierungszyklen, die im Ladenbau gang und gäbe sind. Stattdessen war das Ziel, aus wenigen gut recycelbaren Materialien einen Laden zu konzipieren, der so lange hält, wie es ihn gibt. Oder im besten Fall sogar vom nächsten Laden, der irgendwann mal in die Räumlichkeiten ziehen wird, weiterverwendet werden kann. Das Material soll eben nicht, wie normalerweise üblich im Ladenbau, nach einer überschaubaren Zeit einfach herausgerissen und weggeworfen werden.

Der Laden wurde während der Corona-Pandemie geplant und umgesetzt. Die Macher wollten den Menschen, die in diesen Zeiten auf so viel verzichten mussten, mit ihrem Geschäft ein umso außergewöhnlicheres Erlebnis bieten. Sie beziehen sich beim Design auch auf ein Zitat des japanischen Künstlers Naoshi Arakawa: »Even in the depths of the darkest oceans, some light always pierces through.«

1025 High St, Armadale, Melbourne, VIC Australien 3143 | ERÖFFNUNG November 2020 | GRÖSSE 53 m² | ARCHITEKTUR Russell & George | LADENBAU EMAC Constructions | LICHT Russel & George, Sphera, Mark Douglass | FOTOS Sean Fennessey

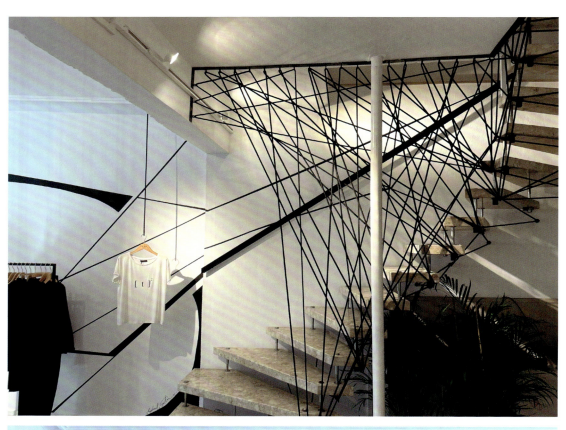

STUDIO TURAN, ANDERNACH

Bei dem schweren Hochwasser im Juli 2021 verloren die Schwestern Mehtap Turan und Meltem Turan Aksu ihre zwei Läden in Bad Neuenahr-Ahrweiler. Schon davor hatten sie geplant, ihr Studio in ihrem Heimatort Andernach umzugestalten. Nach dem Hochwasser-Schock hielten sie an den Plänen fest und eröffneten einen Store mit ihrer ganz eigenen Handschrift.

LICHTBLICK AM MITTELRHEIN

»Puristisch, geradlinig und dabei dynamisch«, so beschreibt Mehtap Turan ihre Design-Handschrift. Und so ist nicht nur ihre eigene Kollektion Studio Turan gestaltet, sondern auch ihr Laden in Andernach. Gemeinsam mit ihrer Schwester Meltem Turan Aksu hat sie ihn Mitte August 2021 neu eröffnet. Ein Kraftakt, denn nur wenige Wochen zuvor verloren die Schwestern ihre zwei deutlich größeren Läden in Bad Neuenahr-Ahrweiler bei dem schweren Hochwasser. »Dort müssen jetzt erst einmal die Gebäude trocknen. Das wird Monate dauern«, sagt Turan wenige Tage nach der Eröffnung des Studio Turan. »Wir sind im Wartemodus und konzentrieren uns jetzt erst einmal auf das Studio.«

Der 55 m² große Laden liegt in Andernach, dem Heimatort der Schwestern. Hier designt Mehtap Turan ihre Kollektion, hier werden auch einzelne Teile genäht. »Im Studio konzentrieren wir uns auf unsere Eigenkollektion. Das spiegelt sich auch in der Ladengestaltung wider.« Den Laden haben die Schwestern in Eigenregie gestaltet und mit Künstlern und Handwerkern aus der Region umgesetzt. Auch das gehört zu ihrem nachhaltigen, auf lokale Produktion setzenden Ansatz.

Vor einer freigelegten Steinwand geben schlichte Warenträger Struktur. Schwarze Linien ziehen sich als Warenträger, Wandgemälde oder Bespannung am Treppenaufgang durch den ganzen Laden. Hingucker ist der leuchtende Schriftzug »Studio Turan« an der Wand. »Wir machen gerade einen Schritt nach dem anderen«, sagt Turan. Ein Vertrieb der Kollektion an andere Händler und ein eigener Online-Shop sind die nächsten Ziele. Und dann natürlich die Wiedereröffnung in Ahrweiler. Bis dahin wird es noch etwas dauern. Ein Stück Hoffnung haben die Schwestern sich jetzt selbst geschaffen. »Das Studio in dieser Form zu eröffnen, war für uns ein echter Lichtblick.«

Hochstraße 57, 56626 Andernach | ERÖFFNUNG August 2021 | GRÖSSE 55 m² | KONZEPT/GESTALTUNG Mehtap Turan | LADENBAU Studio 14 | LICHT Scola Raumkonzept | FOTOS Studio Turan

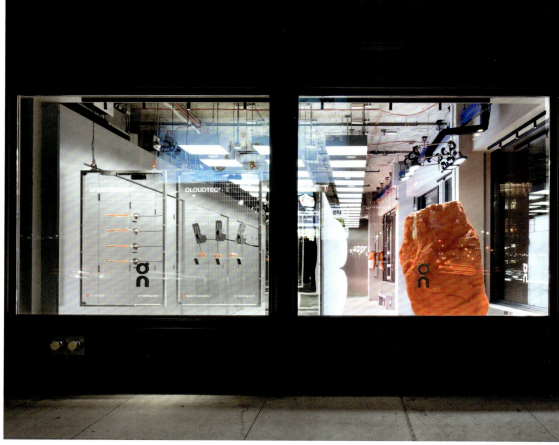

ON, NEW YORK

Läuft bei On: Der Schweizer Running-Spezialist hat Ende 2020 seinen ersten Store eröffnet, und zwar in New York City – der Heimatstadt des New York Marathons, vermutlich das begehrteste und teilnehmerstärkste Lauf-Event weltweit. Passt. Und nicht nur deshalb. Denn die Schweizer haben große Pläne für ihr 2010 gegründetes Unternehmen.

ON AND ON

»In diesem Jahr haben die Menschen mehr als je zuvor Freude und Abwechslung im Laufen gefunden. Nicht nur aus diesem Grund gibt es für uns keine bessere Zeit, um unseren ersten globalen Experience Store zu eröffnen – in einer Stadt, von der wir überzeugt sind, dass sie auch in Zukunft die Shopping-Hauptstadt der Welt bleiben wird«, sagt On-Mitbegründer David Allemann. Im beliebten NoHo-Viertel (North of Houston Street) mit seiner Kunstszene, trendigen Läden und moderner Gastronomie dürfte der erste globale On Experience Store auf das richtige Publikum treffen.

Design und Technologie sind nicht nur bei Schuhen und Bekleidung des Laufspezialisten der zentrale Ansatz, sondern auch im rund 150 m² großen Store in der Lafayette Street. Highlight und Dreh- und Angelpunkt ist eine fast drei Meter hohe und 14 Meter lange so genannte »Magic Wall«: An ihrer Vorderseite ermittelt eine unsichtbare, biomechanische Laufanalyse im Boden den Laufstil der Kundinnen und Kunden in Sekundenschnelle. Die unsichtbaren Sensoren erstellen innerhalb weniger Laufschritte einen individuellen Avatar des Kunden, der die Kadenz, vertikale Verschiebung, das Tempo und die Bodenkontaktzeit ermittelt. Im zweiten Schritt analysiert ein Fußscanner die genaue Schuhgröße in 3D, akkurat auf plus/minus 1,25 Millimeter. Aufgrund dieser Daten werden die besten Modelle vorgeschlagen.

Auf der Rückseite der Magic Wall – »der größten Schuhwand der Welt« – können die Kundinnen und Kunden die gesamte On-Schuhkollektion unkompliziert anschauen und ausprobieren – jede Größe steht bereit. Im Zentrum stehe dabei der Faktor Zeit bei der Beratung: Der Mitarbeiter muss nicht »im Keller verschwinden«, um die richtigen Schuhe zum Anprobieren zu holen, sondern kann direkt an der Wall den passenden Schuh in der richtigen Größe finden. So bleibe mehr Zeit für den gemeinsamen Austausch, und die individuelle Beratung stehe im Fokus. Mithilfe der NFC-Technologie kann sich der Kunde an verschiedenen Touchpoints weitere Informationen anzeigen lassen. Kontaktloses Auschecken rundet das Einkaufserlebnis ab.

Apropos Erlebnis: Eine kleine Reise in die Schweiz ist beim Besuch des On-Stores inklusive. In den Umkleidekabinen werden die Kunden durch einen »unverkennbaren alpinen Duft« und »harmonisierende Klänge« in die Schweizer Alpen versetzt. Beim Verlassen des Stores erhalten sie einen kleinen 3D-gedruckten Fels aus dem Engadin, eine weitere Anspielung auf die Wurzeln der Marke – und ein bleibendes Souvenir.

363A Lafayette Street, 10012 New York, USA | ERÖFFNUNG Dezember 2020 | GRÖSSE rund 150 m² plus 70 m² im Untergeschoss | ARCHITEKTUR, LADENBAU & LICHT On + Specific Generic | FOTOS On

VINTAGE REVIVALS, BERLIN

Berlin ist ein gutes Pflaster für Secondhand-Stores und preloved Fashion. Jetzt hat die Hauptstadt ein weiteres Geschäft zu bieten. Das zu Texaid gehörende Format Vintage Revivals hat an der Münzstraße einen Store eröffnet. Das Design: Rohe Betonwände treffen auf grüne Metrofliesen, Neonlicht schafft eine moderne Atmosphäre.

COOLES AUS ZWEITER HAND

Gebrauchte Kleider zu verkaufen und zu kaufen, ist ein Trend, den es nicht erst seit Corona gibt. Doch wie viele andere Trends hat die Pandemie auch diesen nochmal gepusht. Das spielt Anbietern wie Texaid in die Karten. Der weltweit agierende Textil-Recycler hat 2018 ein Store-Konzept für preloved Fashion an den Start gebracht. Es setzt sich ab von den sonst oft muffigen Secondhand-Shops und tritt auf wie ein echter Fashion Store.

Das Ladendesign wurde vom inhouse Designteam unter der Federführung von Serkan Tur entwickelt. Sein Vorgehen bei der Gestaltung der Läden ist immer gleich: »Zuerst versetzen wir die Fläche in den absoluten Ursprungszustand zurück. Alles wird entfernt, bis wir auf der reinen Beton-Ebene angekommen sind«, sagt er. Auch der Bodenbelag ist der rohe Estrich, so bekommt die ganze Fläche einen industriellen Look. »Uns ist es wichtig, die Ware so einfach wie möglich zu präsentieren. Durch die klare Darstellung wird der Kunde nicht überfordert«, so Tur. Außerdem sei es ihnen wichtig, dass auch der Ladenbau unter dem Aspekt der Nachhaltigkeit konzipiert ist und mit so wenig Material wie möglich auskommt.

Aufgehübscht wird die Fläche lediglich mit grünen Metrofliesen und vielen Spiegeln und Screens, auf denen aktuelle Kampagnenshootings oder auch Kundeninfos gezeigt werden. »Die Spiegel regen unsere Kunden zu vielen Fotos an, die sie dann wiederum in den Sozialen Medien teilen«, erklärt Serkan Tur. Als Kleiderstangen dienen deckenhohe, schwarze Wasserrohre. Quadratische Leuchten an der Decke sorgen für Licht. Große Umkleiden sowie Hände, die aus den Wänden ragen und besondere Kleider-Highlights präsentieren, runden das Interior ab.

Das Konzept richtet sich an »Vintage-Liebhaber sowie ökologisch bewusste Individualisten«, heißt es. Angeboten werden vornehmlich Teile aus den Sammlungen von Texaid, die unter modischen Gesichtspunkten ausgewählt wurden. Sie wiederum werden teilweise zu speziellen Städte-Kollektionen zusammengestellt, die durch Hangtags gekennzeichnet sind. Ansonsten präsentieren sich die Vintage-Teile farblich sortiert und nach Warengruppen zusammengehängt.

Betrieben wird VR von der Texaid-Tochter ReSales Textilhandels- und -recycling GmbH, die neben den mittlerweile acht VR-Stores auch noch 50 weitere Secondhand-Filialen betreibt. Neben den Läden gehört auch ein Online-Shop unter vintagerevivals.de zum Konzept. Für die nächsten Jahre plant Vintage Revivals eine Expansion in alle großen und mittelgroßen deutschen Städte. Auch die DACH-Region hat das Unternehmen im Visier.

Münzstraße 5, 10178 Berlin | ERÖFFNUNG Mai 2021 | GRÖSSE 220 m² | ARCHITEKTUR, LADENBAU & LICHT Vintage Revivals/Serkan Tur | FOTOS Vintage Revivals

MAISON MARGIELA, PARIS

Offene Kanten, unkonstruiert, experimentell – das sind die Markenzeichen in der Kollektion des Luxuslabels Maison Margiela. Und diese Markenzeichen trägt jetzt auch das neue Ladendesign, das die niederländische Architektin Anne Holtrop für die Marke entwickelt hat. Gips trifft auf Travertin – beides in der natürlichsten Form.

NEUER STOFF
GANZ IN CREME

Farblich zeigt sich das Design des neuen Stores auf der Pariser Avenue Montaigne komplett in Creme, was vor allem auf das verwendete Material zurückzuführen ist: Gips. Dieser wurde – ganz in Margiela-Manier – von Hand in Textilformen gegossen und nicht weiter behandelt. Mit Knicken, Kanten und kleinen Dellen, entstanden durch eingeschlossene Luftblasen bei der Herstellung. Die Oberflächen sind ungeschliffen und sorgen für ein haptisches Erlebnis, denn sie regen förmlich zum Anfassen an. Diese Säulen reichen auch nicht bis zur Decke, sodass sie eher wirken wie aufgeblasene Luftkissen, die – Monolithen ähnlich – den Raum schmücken.

Das Verwenden von Gips als stilgebendes Material soll zudem auf das Innenfutter von Kleidungsstücken verweisen, das normalerweise, wie Gips, im Verborgenen liegt und hier seinen großen Auftritt bekommt. Auch in der Kollektion von Margiela spielt Innenfutter oft eine wichtige Rolle und ist an den Kleidungsstücken sichtbar verarbeitet.

Außer Gips kommt im 250 m² großen Laden heller Kalkstein, sogenannter Travertin für Fußboden, Warentische und Regale zum Einsatz. Die Möbel sind in Anlehnung an klassische Objekte entworfen aber in ihrer Art ebenfalls dekonstruiert. Warentische und Stühle sind aus gebeiztem Travertin, die natürlichen Vertiefungen im Stein wurden mit farblich kontrastierendem hellem Epoxidharz aufgefüllt. So entsteht ein monochromes Ladenbild, das dennoch durch die verwendeten Materialien und die Art der Verarbeitung nicht langweilig wird. Die Tonalität steht aber auch für das für die Marke Maison Margiela charakteristische Weiß.

Einen Kontrast dazu bildet die Umkleide, denn sie ist in einem fast schwarzen Grünton lackiert, der an japanische Lackschränke erinnert. So sollen die Räume ein heimeliges Gefühl von Vertrautheit, aber auch von Exklusivität und Glamour hervorrufen.

Das Design hatte das Architekturbüro bereits 2018 für das Set der Herbst/Winter-Show entworfen. Jetzt wurde es gleich in vier Läden weltweit umgesetzt: Paris, London, Osaka und Shanghai.

---

33 Avenue Montaigne, 75008 Paris, Frankreich | ERÖFFNUNG Dezember 2020 | GRÖSSE 250 m² | ARCHITEKTUR Studio Anne Holtrop | LADENBAU & LICHT keine Angaben | FOTOS Maison Margiela

KAISER LINGERIE, FREIBURG

Viele Wochen hat Kaiser in Freiburg umgebaut, um im Damenmodehaus auch eine kompetente Auswahl an Wäsche anbieten zu können. Jetzt zeigt sich die 200 m² große Fläche in sanften Rosétönen, kombiniert mit Kupferelementen und luxuriösen Umkleidekabinen.

DES KAISERS NEUE WÄSCHE

Nachdem in Freiburg nach 150 Jahren das Modehaus Fabel schloss, das im Schwerpunkt Wäsche und Bademode, aber auch Oberbekleidung geführt hatte, berieten sich Fabel-Chefin Andrea Lászlófy und der geschäftsführende Inhaber der Kaiser Modehäuser, Frank Motz, wie es weitergehen könnte. Das Ergebnis: Kaiser übernahm die Wäschekompetenz, inklusive vier Mitarbeiterinnen von Fabel. Für den neuen Lingerie-Bereich wurde das erste OG in Teilen umgebaut und 300.000 Euro investiert.

Auch wenn es zum Start coronabedingt keinen Ansturm geben konnte, ist Geschäftsführer Heinz-Peter Böker zufrieden. »Mit dieser Investition setzen wir gerade jetzt ein Zeichen für den Standort Freiburg und den stationären Handel. Der lokale Einzelhandel ist ein Ort für Begegnung und sinnliches Erleben. Das muss bleiben.«

Die Abteilung ist in sanften Rosétönen gehalten. Filigrane Messing-Elemente grenzen den Lingerie-Bereich dezent ab. Das soll für Privatsphäre sorgen und die Fläche zugleich nach allen Seiten offenhalten. Besonderes Highlight sind die großzügigen Freundinnen-Kabinen mit in Samt-Rosa gepolsterten Wänden aus edlem italienischen Stoff.

Trendwäsche wie Cozy Underwear macht bei Kaiser einen großen Teil des Sortiments aus: Soft-BHs in weichen, natürlichen Stoffen, Bralettes mit hautfreundlicher Spitze, nahtlose Tops und Hemdchen aus atmungsaktiven Materialien. Dafür stehen vor allem Marken wie Mey, Hanro und Calida. Für die junge Zielgruppe hat die Lingerie-Abteilung aber auch Fashion-Marken wie Calvin Klein und Tommy Hilfiger im Programm. Außerdem sind Chantelle, Felina, Marie Jo und Primadonna im Sortiment.

Neben natürlichem Tragegefühl setze Kaiser in dem neuen Segment verstärkt auf das Thema Nachhaltigkeit. »Neben recycelten Materialien ist Tencel aktuell besonders spannend, eine Faser, die aus Eukalyptusholz hergestellt wird und sich noch angenehmer trägt als Baumwolle«, so Böker.

Sobald die Corona-Situation es zulasse, will die neue Abteilung auch zum Veranstaltungsort werden, beispielsweise für private Freundinnenabende nach offiziellem Geschäftsschluss. Bei Sekt, Fingerfood und Musik könnten sich dann bis zu sechs Teilnehmerinnen in entspannter Atmosphäre exklusiv beraten lassen. Böker: »Wir gestalten einladende Orte, an denen Menschen gerne Zeit verbringen, weil sie sich dort begegnen und austauschen können und im besten Falle – überraschen lassen.«

Kaiser-Joseph-Straße 172-174, 79098 Freiburg | ERÖFFNUNG März 2021 | GRÖSSE 200 m² | ARCHITEKTUR Blocher Partners | LADENBAU Ganter Interior | LICHT Elan | FOTOS Joachim Grothus für Blocher Partners

ZEGNA, ROM

Das Traditionsunternehmen Ermenegildo Zegna hat im Sommer 2021 gleich mehrere neue Kapitel aufgeschlagen. Zum einen kündigte es den Gang an die Börse an, zum anderen präsentierte es sich mit einem neuen Ladenauftritt in Rom. Dort, wo vor knapp 25 Jahren der erste Store in der ewigen Stadt eröffnete, inszeniert sich die Menswear-Marke als moderner Luxusanbieter.

DREI FARBEN BEIGE

Für seinen Store-Design-Neustart hat Ermenegildo Zegna einen historischen Ort gewählt. Das beginnt schon mit dem Gebäude. Der Palazzo Maruscelli Lepri wurde Mitte des 17. Jahrhunderts erbaut und hat seitdem eine wechselvolle Geschichte erlebt. Seit 1997 gehört auch die Marke Zegna dazu. Damals eröffnete das Unternehmen hier seinen ersten Store in Rom. Jetzt, knapp 25 Jahre später, präsentiert das Unternehmen an dieser Stelle erstmals seinen neuen Ladenauftritt. Mit den Attributen weltgewandt, luxuriös und modern beschreibt Zegna die Gestaltung der 250 m² großen Verkaufsfläche, die sich über zwei Etagen zieht.

Den Rahmen für die Gestaltung gab das Gebäude vor. Hohe Gewölbedecken, breite Rundbögen als Türen, glänzende Parkettböden und vor allem die kunstvolle Holz-Kassettendecke in der »Made-to-Measure«-Abteilung bilden den luxuriösen Hintergrund für den Markenauftritt. Darüber hinaus kommen Naturhölzer sowie Marmorelemente zum Einsatz. Regale und Beleuchtungssystem wurden bewusst reduziert gestaltet. Auch die Wandgestaltung ist zurückhaltend.

Farblich dominieren helle Töne und Naturfarben auf der Fläche. Neben Holz und Marmor setzt Zegna auf poliertes Edelstahl sowie pulverbeschichtetes Metall für Warenträger und Verblendungen. Sessel und Sitzgelegenheiten sowie eine Bar laden zum Verweilen ein. Bodenlange Vorhänge vor den Umkleidekabinen bringen etwas Verspieltheit auf die Fläche. Zwei Videobildschirme zeigen die saisonalen Highlights der Marke und verdeutlichen den modernen Zeitgeist, für den die Männermodemarke auch stehen will. Der soll künftig auf den neuen Flächen von Zegna gezeigt werden. Parallel mit dem Store in Rom präsentierte das Unternehmen seinen neuen Ladenbauauftritt auch im Küstenort Forte dei Marmi. Allerdings nur auf Zeit. Der Pop-up-Store hat nach sechs Monaten im Dezember 2021 wieder geschlossen.

Zum Zeitgeist der Marke gehört auch, dass das Unternehmen im Sommer 2021 ankündigte, an die Börse zu gehen. Dabei wählt CEO Gildo Zegna statt eines IPOs den Weg über einen Spac. Die Familie Zegna behält mit 62 Prozent der Anteile die Kontrolle über das 1910 in Trivero gegründete Unternehmen und wird so auch bestimmen, wo das neue Ladendesign Einzug halten wird.

Via Borgognona 7, 00187 Rom, Italien | ERÖFFNUNG Juni 2021 | GRÖSSE 250 m², zwei Etagen | ARCHITEKTUR, LADENBAU & LICHT **keine Angaben** | FOTOS Ermenegildo Zegna

STEHR'S BRILLENSTUDIO, HAMBURG

Das Brillenstudio Stehr's in Hamburgs Norden zeigt sich nach einem Totalumbau in neuem Gewand. Das Designkonzept: Maritime Elemente wie Taue und Spiegel im Bullaugen-Style treffen auf ein geschickt präsentiertes Brillensortiment.

DURCH DIE MARITIME BRILLE

Hamburg – was liegt näher, als im Ladenbau die typischen Elemente der Region aufzugreifen? So war dann auch die Vorgabe, die die Macher des Brillenstudios Stehr's an die Architekten von Heikaus machten: Maritim sollte es sein. Im April 2021 startete der Umbau, der Optiker konnte in dieser Zeit in Räumlichkeiten ganz in der Nähe die Geschäfte fortsetzen. Im Mai wurde der Laden mit neuem Design wiedereröffnet.

Ein zartes Blau erinnert an die Weite des Ozeans. Es kommt als Wandfarbe zum Einsatz. Dazu gesellt sich ein ruhiger Creme-Ton. Runde Spiegel sollen an Bullaugen von Schiffen erinnern. Eyecatcher ist aber ein großer Spiegel, der an eine Art Strudel denken lässt. Die Verwendung von Seilen verstärkt die gewünscht Atmosphäre zusätzlich. Aus ihnen wurde eine Art Zwischenwand konstruiert, die den Raum einteilt und ihn heimeliger wirken lässt. Die kassettierten Wände lassen an alte Schiffskabinen denken, genau wie die wellige Wand, die an eine Kaimauer erinnert, sowie die Pendelleuchten im Industrie-Stil.

Die Brillengestelle werden an filigranen schwarzen Wandregalen präsentiert, die sich vom Boden bis zur Decke ziehen. Die Regalböden haben eine ovale Form – ähnlich den ovalen Spiegeln. Runde Formen ziehen sich generell als Gestaltungsmittel durch den Laden. Ecken und Kanten findet man kaum. Die Fläche ist insgesamt sehr luftig gestaltet und zwischen den einzelnen Beratungsplätzen ist reichlich Platz.

Frohmestraße 16, 22457 Hamburg | ERÖFFNUNG Mai 2021 | GRÖSSE 98 m² | ARCHITEKTUR, LADENBAU & LICHT Heikaus Architektur | FOTOS Jörg Brockstedt Photographie

LENA HOSCHEK, WIEN

Die Wiener Designerin Lena Hoschek steht für Handwerkskunst, Heimatverbundenheit und Feminität. Ihre Kollektionen sind für moderne Romantikerinnen. Diesen Ansatz hat sie auch bei der Gestaltung ihres neuen Stores in der österreichischen Hauptstadt verfolgt. Unweit von Hofburg und Stephansdom lässt es sich so in eine eigene Welt abtauchen.

GOLDENER GARTEN

Antoinette's Garden heißt die Kollektion, die mit dem neuen Laden von Lena Hoschek Premiere feierte – und ganz offensichtlich auch Einfluss auf die Gestaltung des Stores hatte. Inspirationsquelle seien die exzentrische Mode des 18. Jahrhunderts und der Ruf nach einem Zurück zur Natur gewesen, so Hoschek. Zu diesem Credo passt der neue Wiener Store auf zwei Etagen perfekt. Die österreichische Designerin hat nach fünf Jahren ihren Laden in der Goldschmiedgasse im 1. Wiener Bezirk aufgegeben und sich in der nahe gelegenen Seilergasse auf 300 m² vergrößert.

Die Liebe zum Detail und ein Ambiente zwischen glamourösem Salon, Edel-Trödel und Hollywood kennzeichnen den Store. Behaglichkeit und Komfort stehen im Mittelpunkt der Gestaltung. »In unseren Stores schaffen wir eine Welt, in der man für einen Moment vollkommen abtauchen kann. Ein Ambiente, das man über einen Bildschirm nur schwer transportieren kann«, sagt Hoschek. Insbesondere vor dem Hintergrund der Covid-19-Pandemie sei ihr das wichtig gewesen. Man habe die Kundinnen und Kunden während dieser Zeit zwar online bestens bedienen können. »Aber damit eine Stadt auch weiterhin lebt, finde ich es enorm wichtig, dass gut sortierte Geschäfte, abseits des Mainstreams erhalten bleiben«, sagt die Designerin.

Die Wände des Ladens sind bespannt mit opulenten Tapeten mit Granatapfel-Motiven, für Akzentbeleuchtung sorgen die goldenen Palmen-Lampen nach Originalentwürfen aus den 1970er Jahren. Hoscheks Liebe zum besonderen Design spiegelt sich auch in für den Store maßangefertigten Stücken wider. Blickfang ist etwa der massive Kassentresen aus Vintage-Holz. Musik ertönt aus Vintage-Radios von Supersonic und sorgt für einen entspannten Vibe im Store. Trotz aller Verspieltheit und Romantik ist das Store-Design luftig und die Warenpräsentation großzügig. Warenträger sind an den Wänden entlang installiert, Samtsessel und Tischchen auf roséfarbenem, weichem Teppich laden zum Verweilen ein. Das Store-Konzept wurde von der Designerin selbst entwickelt: »Es bereitet mir unglaublich viel Freude, mich durch meine Stores auch im Interieur-Bereich kreativ einzubringen und dadurch eine ganz besondere Atmosphäre für meine Kundinnen zu schaffen. Ich habe jeden Schritt der aufwändigen Umbauarbeiten begleitet und freue mich, dass das neue Geschäft meine Vision zu 100 Prozent repräsentiert.«

In unmittelbarer Nachbarschaft, in der Spiegelgasse 12, befindet sich Bunny Bogart, Hoscheks Kinder-Concept-Store. In Wien gibt es außerdem noch das Atelier und die Schneiderei im 12. Bezirk. Dort werden Brautkleider und opulente Couture-Roben entworfen und maßgefertigt. Außerdem führt Hoschek Läden in Kitzbühel und in der Grazer Altstadt. Zu Expansionsplänen sagt sie: »Wir wachsen stetig und sehen uns künftig auch an anderen Standorten.«

Seilergasse 16, 1010 Wien, Österreich | ERÖFFNUNG Mai 2021 | GRÖSSE 300m², zwei Etagen | ARCHITEKTUR, LADENBAU & LICHT **Lena Hoschek** | FOTOS **Aanoir/Robert Weinzettl**

WALBUSCH, BERLIN

Die Solinger Walbusch-Gruppe setzt ein Zeichen für den stationären Handel. Mit dem Umbau der Filiale im Berliner Einkaufszentrum Spandau-Arcaden soll der Community-Gedanke gestärkt und ein einladendes neues Raumkonzept geschaffen werden.

ZU BESUCH BEI FREUNDEN

Bekannt wurde die 1934 in Solingen gegründete Walbusch-Gruppe als Versandhändler. Insbesondere die in den 1960er Jahren entwickelten Herrenhemden mit dem Kragen ohne Knopf sind legendär und zählen bis heute zu den Markenzeichen des Unternehmens. Inzwischen steht das Unternehmen mit seinen 1000 Mitarbeitern aber für viel mehr: Neben HAKA, die auch nach Maß angeboten wird, gibt es eine DOB- und eine Outdoor-Kollektion, und die Gruppe betreibt nicht nur Online-Shops für die einzelnen Marken (darunter Mey & Edlich und LaShoe), sondern auch mehr als 40 Walbusch-Filialen. Diese erhalten jetzt einen grundlegend neuen Look. Erstmals umgesetzt wurde er im Berliner Einkaufszentrum Spandau-Arcaden, wo die rund 300 m² große Filiale umgestaltet wurde.

Das gesteckte Ziel war dabei klar: Mehr noch als bisher soll der Laden zu einem Treffpunkt der treuen Walbusch-Community mit einem hohen Stammkundenanteil werden. »Unsere Kunden sind für uns mehr als potenzielle Käufer und jederzeit in unserem Store willkommen. Die Mitarbeiter kennen die Stammkunden beim Namen und nehmen sich gerne Zeit, um ausgiebig zu beraten, aber auch um sich einfach mit der Kundschaft zu unterhalten. Uns war es wichtig, den Store so umzugestalten, dass noch mehr Raum für den persönlichen Austausch gegeben ist«, sagt Jürgen Kleine-Berkenbusch, Geschäftsführer der Walbusch-Filialen.

Die Planer von Schwitzke & Partner in Düsseldorf und das interne Store-Design-Team von Walbusch um Lisa Cavatoni haben diesen Anspruch mit Hilfe moderner Materialien umgesetzt, bei denen es um das Wechselspiel zwischen filigran und dominant, elegant und natürlich, aber auch um alt Bewährtes und neue Einflüsse gehe. Architektonische Kernidee sei ein klassischer Midcentury-Pavillon gewesen – offen und einladend, Innen- und Außenraum miteinander verbindend. Highlight im Store ist der Kassenbereich, der eher an einen Bartresen erinnert. Er soll zugleich als Treffpunkt für die Kundschaft fungieren und das Zusammengehörigkeitsgefühl stärken. Zum Verweilen lädt auch der Loungebereich im hinteren Teil des Ladens ein.

Eine einladende Atmosphäre entsteht auch über die verwendeten Materialien. Nussbaum-Holz an Wand und Decke, grüner Marmor sowie Tapeten mit Naturoptik und Echtpflanzen wirken wohnlich. Unterschiedliche Rückwandgestaltungen erleichtern die Orientierung im Sortiment für Damen und Herren. Das Lichtkonzept ziele mit einer detaillierten Positionierung verschiedenster LED-Reflektoren auf eine perfekte Produktbeleuchtung ab, heißt es vom Unternehmen. Dezentes Stimmungslicht sorgt im Loungebereich für Gemütlichkeit. Die dort gereichte Tasse Kaffee soll nicht nur das entspannte und stressfreie Einkaufserlebnis ermöglichen, sondern auch das nachhaltige Gefühl eines Besuches bei Freunden hinterlassen.

Spandau-Arcaden, Klosterstraße 3, 13581 Berlin | ERÖFFNUNG September 2021 | GRÖSSE ca. 300 m² / eine Etage, 1. OG im Center | ARCHITEKTUR Schwitzke GmbH; Lisa Cavatoni & Jan Pafferath – Walbusch Filial GmbH & Co. KG | LADENBAU Kraiss Systems | LICHT Candus | FOTOS Weisslicht.Fotografie by Philipp Brohl

RALPH LAUREN, TOKIO

Rund 300 m² Store-Fläche, dazu noch einmal fast 300 m² für Ralph's Coffee – das ist der neue Ralph Lauren Concept-Store in Tokio. Im In-Viertel Ginza gelegen lädt der neue Laden zum Shoppen und Relaxen auf einer großen Außenfläche ein. Das Store-Design: bunt, fröhlich und mit großen Glasfronten zu beiden Seiten.

GRÜNE OASE

Der Neubau des Ralph Lauren Concept-Stores, der im Juli 2021 eröffnete, wirkt fast, als hätte man in Tetris-Manier einen Kubus zwischen die umliegenden Häuser versenkt. Rechts und links ragen großen Hochhäuser in den Himmel. Das Geschäft, das vor allem durch seine offene Bauweise und den großen Außenbereich beeindruckt, wirkt wie eine grüne Oase in der Betonwüste Tokios. Kunden werden im Außencafé von vielen Grünpflanzen, gemütlichen Sitzbereichen und grün-weißen Sonnenschirmen empfangen. Kunstrasen dient als Bodenbelag. Über die komplette Fläche sind zudem Lichterketten gespannt, so dass fast Gartenparty-Atmosphäre aufkommt.

Im Angebot sind dort der speziell für Ralph Lauren kreierte Ralph's Coffee sowie weitere Getränke, Desserts und Kuchen. Außerdem gibt es zahlreiche Merchandising Produkte von Ralph's Coffee zu kaufen wie Caps, Shirts, Geschirr, Kaffee und vieles andere mehr.

Im Eingangsbereich des Geschäfts selbst empfängt die Kunden eine große Customizing-Station, an der sich jeder seine Teile personalisieren lassen und mit eigenen Drucken und Stickereien verschönern kann. Ins Obergeschoss gelangt man über eine Treppe, die von Kunstwerken gesäumt wird. Außerdem wird dort anhand eines Zeitstrahls die Geschichte der Marke aufgezeigt.

Im Obergeschoss trifft dann die bunte Vielfalt der angebotenen Produkte, insbesondere der Polos auf Heritage Möbel wie Ledersofas, dunkle Regale und Massivholzschränke. Auch hier schaffen viele Grünpflanzen eine wohnliche Atmosphäre. Eine Polo-Wand, an der sämtliche Farben an zahlreichen Torsi präsentiert werden, zieht sich über zwei Etagen und dient als Blickfang.

Reichlich Licht kommt über die an zwei Seiten offene Bauweise auf die Fläche. Durch die großen Fensterfronten kann man durch den kompletten Laden hindurchblicken. Klassische Schaufenster gibt es keine, stattdessen schaut man direkt ins Innere des Geschäfts. Zahlreiche Screens empfangen die Kunden an vielen Stellen. Sie zeigen aktuelle Kampagnenbilder, Inspirierendes und geben Zusatzinfos zur Marke.

Für Ralph Lauren spielt Tokio insbesondere im Jahr 2021 eine große Rolle, finden doch hier die Olympischen Spiele statt. Ralph Lauren ist bereits seit 2008 offizieller Ausstatter des Olympischen Teams der USA. Mit dem Ralph Lauren Concept-Store am Ort der Spiele unterstreicht die Marke ihre sportlichen Ambitionen.

2-6-3 Ginza, Chuo-ku, Tokyo 104-0061, Japan | ERÖFFNUNG Juli 2021 | GRÖSSE 300m² Ladenfläche, 280 m² Außenfläche; zwei Etagen | ARCHITEKTUR, LADENBAU & LICHT Ralph Lauren Store Development | FOTOS Courtesy of Ralph Lauren

M. SCHNEIDER, OFFENBACH

M. Schneider in Offenbach ist eine Institution. Seit 1905 besteht das Modehaus erfolgreich in der 140.000 Einwohner-Stadt. Ausruhen möchte sich Geschäftsführer Stefan Becker darauf allerdings nicht und engagiert sich – für die Stärkung der Innenstadt und des stationären Handels. Dass er an den glaubt, unterstreicht der komplette Umbau des Hauses mitten im Lockdown.

FARBSPIEL AUF FÜNF ETAGEN

»Das Investment stand bereits vor Corona fest. Wir haben dennoch keine Minute gezweifelt, nicht einmal als es zum Lockdown kam, und trotzdem mit den Renovierungen losgelegt.« Als Stefan Becker, Geschäftsführer von M. Schneider in Offenbach das sagt, liegt die Eröffnung des neu gestalteten Hauses gerade erst ein paar Tage zurück. Auf der Verkaufsfläche tummeln sich Kunden, aber auch ehemalige Mitarbeiter, um den neuen M. Schneider zu entdecken. 2 Mio. Euro haben die Gesellschafter von M. Schneider in den Komplettumbau des Modehauses investiert. Alle fünf Geschosse, insgesamt 2400 m² Verkaufsfläche, wurden gemeinsam mit Umdasch dabei angefasst.

Jedes einzelne Geschoss hat nun ein eigenes Farbkonzept. Dazu gehört etwa, dass der Kassenbereich jeweils monochrom von Boden über Kassentresen und Rückwand bis zur Decke in einer Pop-Colour erstrahlt. Sonniges Gelb, kräftiges Petrolblau, warmes Rot. Dazu gehören jeweils passende Einkaufstaschen aus Craft-Papier sowie individuell gestaltete Umkleiden. Darüber hinaus hat jede Etage nun einen neuen Mittelpunkt, eine eigens geschaffene Highlight-Fläche, die optisch mit massiven, schwarzen Deckengittern hervorgehoben wird. Lounge-Möbel laden dort zum Verweilen ein.

Im Zuge des Umbaues wurden zudem die Sortimente neu sortiert. Das zweite Obergeschoss »atmet« jetzt, wie es Becker nennt. Im Herbst nehmen Jacken den Großteil der Damen-Classic-Fläche ein, im Frühjahr Kleider. Die größte Veränderung: Menswear wanderte in die dritte Etage. Neuer Magnet dort ist Hugo Boss. »Wir sind stolz, dass wir für unseren Neustart so einen Leuchtturm gewinnen konnten.« Auf gleicher Etage, ebenfalls neu: eine Espressobar. Nicht angetastet wurde allerdings die Stammabteilung Hosen im ersten Obergeschoss. »Wir sind schon immer sehr stark bei Hosen«, so Becker. »Die Stammabteilung aufzugeben, wäre zu krass für unsere Kunden gewesen.« So wurde sie lediglich leicht aufgebrochen mit kleinen Deko-Inseln. Die frei gewordene Fläche im Entree bespielt jetzt Womenswear Trends mit Brands wie Opus, Someday, Marc O'Polo und Selected.

Um eine jüngere Zielgruppe zu erreichen, hat M. Schneider neben dem Umbau in eine Kunden-App investiert. Und auch an der Attraktivität des stationären Umfelds will Becker weiter arbeiten. »Offenbach ist die am meisten unterschätzte Stadt im Rhein-Main-Gebiet. Das Potenzial ist da.« Becker selbst ist in verschiedenen Gremien wie dem Zukunftsclub Innenstadt und dem Gewerbeverein Treffpunkt engagiert. »Für eine vitale Innenstadt braucht es Kultur, Begegnungsstätten.« Gerade hat Offenbach für das Projekt »Station Mitte« und den Plan, die Stadtbibliothek in die Innenstadt zu verlagern, den Kommunalpreis und 1 Millionen Euro aus dem hessischen Landesprogramm »Zukunft Innenstadt« erhalten. »Veränderungen kommen. Aber sie brauchen Geduld«, sagt Becker. Und mutige Investitionsentscheidungen wie die von M. Schneider.

Frankfurter Straße 7, 63065 Offenbach | ERÖFFNUNG September 2021 | GRÖSSE 240 m² | ARCHITEKTUR & LADENBAU Umdasch – The Store Makers | LICHT ITAB Lighting Germany GmbH | FOTOS Modehaus M. Schneider

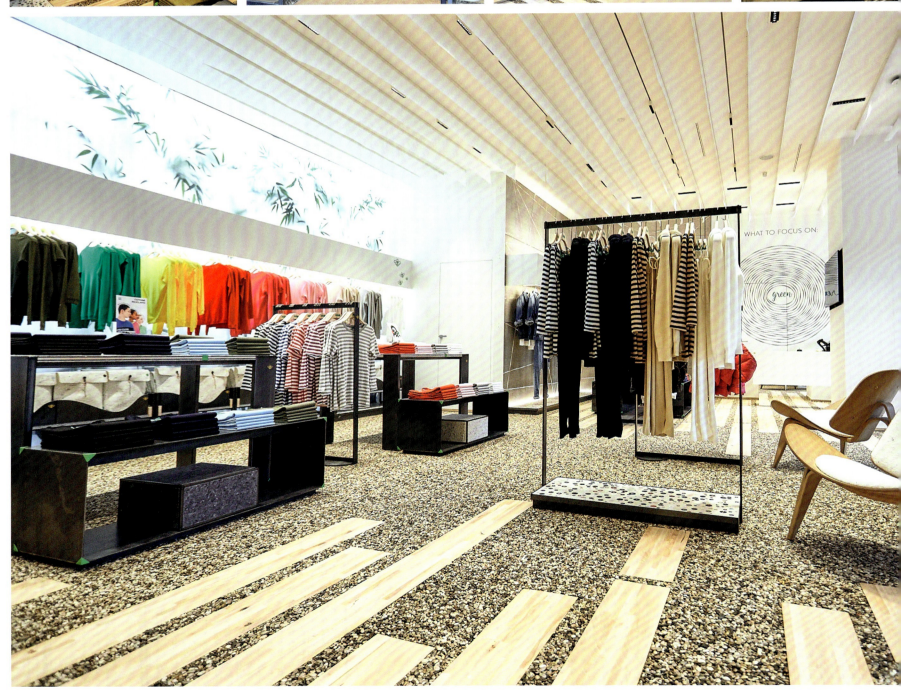

BENETTON, FLORENZ

Als Ergebnis intensiver Forschungen und Innovationen, so beschreibt Benetton sein neuestes Store-Konzept. Der italienische Modekonzern hat in Florenz auf 160 m² mit einem Konzept eröffnet, das Vorreiter im nachhaltigen Retail sein will.

BLAUPAUSE FÜR GRÜNES HANDELN

»Green B Store«, so nennt Benetton seine neueste Store-Generation und formuliert damit auch gleich einen klaren Anspruch: »Das Konzept ist weltweit einzigartig. Es wurde entwickelt, um eine neue Phase für unser Unternehmen einzuleiten«, sagt CEO Massimo Renon anlässlich der Eröffnung in Florenz. Und diese Phase soll ganz im Sinne des Megatrends Nachhaltigkeit möglichst grün sein. Auf der 160 m² großen Verkaufsfläche kommen so unter anderem upgecycelte Naturmaterialien und energiesparende Technologien zum Einsatz – und zwar von der Decke bis zum Boden.

Der Boden besteht aus Kies des Flusses Piave und Altholz von Buchen, die von einem Sturm 2018 in der italienischen Region Venetien niedergerissen wurden. Die Wände wurden mit einer Mineralfarbe gestrichen, die antibakterielle und schimmelhemmende Eigenschaften habe und sogar Umweltschadstoffe reduzieren könne. Das Interieur wurde aus Textilindustrie-Abfällen hergestellt: So bestehen die Displayflächen aus gebrauchten Knöpfen, vermischt mit Hydroharz. Recycelte Wolle findet sich u. a. in den Vorhängen der Umkleidekabinen wieder. Regale und Schaufensterpuppen werden aus recycelten Textilfasern hergestellt. An der Decke in den Schaufenstern sind transparente, verschiebbare Paneele befestigt, wodurch eine Art Kulisse wie im Theater entstehen soll, als Verbindung zwischen Geschäft und Straße. Die Fenster sind mit LED-Bildschirmen mit geringer Umweltbelastung ausgestattet, auf denen Produktinfos, Werbebotschaften und Kollektionspräsentationen gezeigt werden. Der Store soll außerdem Maßstäbe für den Stromverbrauch setzen. So soll er 20 % weniger Energie als ein Standardgeschäft benötigen. Mit Hilfe winziger Sensoren, Künstlicher Intelligenz und Datenanalyse werde die Energieeffizienz der Verkaufsstellen maximiert. Unter anderem kann die Raumtemperatur an die Anzahl der Personen im Geschäft angepasst werden.

Angeboten wird natürlich die Kollektion von Benetton, darunter eine Vielzahl von Kleidungsstücken aus Bio-, Recycling- oder BCI-Baumwolle und anderen Naturfasern wie Leinen. Kunden können ihre Einkäufe dann entweder in wasch- und recycelbaren Bio-Baumwolltaschen oder in FSC-zertifizierten Papiertüten mit nach Hause nehmen.

Piazza della Stazione 16/17/18R, 50123 Florenz, Italien | ERÖFFNUNG März 2021 | GRÖSSE 160 m² | ARCHITEKTUR Retail Design Department Benetton Group | LADENBAU Engineering&Facility Department Benetton Group | LICHT keine Angabe | FOTOS Marco Zanin

CALIDA C LAB, CENTRO OBERHAUSEN

C Lab, so heißt das neue Konzept von Calida, das seit Sommer 2021 im Centro Oberhausen getestet wird. Damit will Calida zum einen die nachhaltigen Kollektionen in den Fokus rücken und zum anderen den online gewonnenen Neukunden ein zeitgemäßes Markenerlebnis bieten.

EINE BÜHNE FÜR NACHHALTIGKEIT

Es ist die Zeit des Lockdowns, die meisten Geschäfte geschlossen. Onlineshopping die fast einzige Möglichkeit, Bekleidung zu kaufen. Außerdem stellt sich bald heraus, dass durch die Pandemie das Thema Nachhaltigkeit einen kräftigen Schub erhält. In dieser Zeit wird bei Calida die Idee des C Lab geboren. Die Fläche sei »ein experimenteller Brand Space, der sich ganz bewusst vom Interieur der bestehenden Calida-Stores abhebt«, heißt es vom Unternehmen. So soll vor allem den online gewonnenen Neukunden ein zeitgemäßes Markenerlebnis geboten werden. Im Mittelpunkt stehen der hohe Qualitätsanspruch und die Wertigkeit jedes Produktes.

Das Konzept wurde inhouse entwickelt und zusammen mit der Firma Panzer umgesetzt. Der Ladenbau ist dabei besonders flexibel und kann immer wieder verändert werden. Verarbeitet wurden vor allem Stahl und Holz. Zentral für den Look ist die gelbe Farbe, die sogenannte »Yellow Zone« im hinteren Bereich, die dem Laden seinen markanten Look gibt. Dort befindet sich auch eine Feedback-Wall, auf der die Kunden ihre Meinung hinterlassen können. Hier sehen Kunden auch, wie viele Bäume pro Bon gepflanzt wurden. Vor Ort vermittelt Calida durch Videoprojektionen weitere Informationen zu den Produkten.

Außerdem liegt der Fokus auf Services wie Click & Collect, Terminvereinbarung für Personal Shopping im Geschäft oder Beratung via Video-Chat. Das stationäre soll mit dem digitalen Erlebnis verschmelzen – so wie es für den modernen, hybriden Kunden selbstverständlich ist.

Nachhaltigkeit, Transparenz und Kundennähe seien für das Konzept wichtig. »Unser Pop-Up-Business ist ein dynamischer Ansatz – wir wollen jeden Tag aus der Begegnung mit den Menschen lernen, die wir persönlich treffen können. Da muss der Funke überspringen.« so Markus Weiss, Director Sales B2C & Omnichannel Sales Services bei Calida.

Seit 2016 arbeitet Calida mit dem Made in Green-Zertifikat von Oeko-Tex, seit 2018 gibt es Cradle-to-Cradle-zertifizierte Produkte. Unter »Nature« werden komplett kompostierbare Produkte aus 100% Zellulose angeboten. Die Kollektion wird permanent ausgebaut. Auch die neueste Kapselkollektion, die erneut zusammen mit dem Designer-Duo Viktor & Rolf entstanden ist, ist kompostierbar.

Centro Oberhausen, Centroallee 46, 46047 Oberhausen | ERÖFFNUNG Juli 2021 | GRÖSSE 150 m² | ARCHITEKTUR Calida AG | LADENBAU & LICHT Panzer Shopconcept | FOTOS Christian Holthausen Photography

AXEL ARIGATO, PARIS

Nach London, Kopenhagen, Stockholm und Göteborg ist Axel Arigato mit einem Flagship-Store in Frankreichs Hauptstadt gelandet. Der Stil: monochrom, minimalistisch und skulptural. Im Mittelpunkt der Gestaltung: gelber Travertin, behandelt, aber auch roh.

NÄCHSTER HALT: PARIS

Der neue Store bricht mit dem typischen Einzelhandelskonzept. Gewollt. In Zusammenarbeit mit dem schwedischen Architekturstudio Halleroed hat Mitbegründer und Creative Director Max Svärdh die neuesten Retail-Design-Codes für den Pariser Store umgesetzt. Kontrastierende Materialien und Farben bestimmen die Ästhetik des Standorts. Eine monochrome und helle Farbpalette gibt den Ton an, die Innenausstattung ist vor allem durch Betonwände und -böden geprägt. Das Interieur spielt mit Formen und Materialien, wobei hellgelber Travertinstein mit verschiedenen Oberflächengestaltungen, geschliffenen und roh, das Hauptmerkmal ist.

Der Laden besteht aus zwei Räumen, die durch eine freistehende Travertinwand bzw. durch einen Durchgang geteilt werden – eine Abstraktion der klassischen architektonischen Elemente einer Säule und eines Balkens. Die durchbrochene Rasterdecke mit indirekter Beleuchtung wird durch die weitgehend monochromatische Farbpalette warmgrauer Rohbetonwände und -böden visuell verbunden.

Skulptural gestaltete Podeste, ebenfalls aus Travertin, wie auch die Regale und die maßgefertigten Stühle in der Umkleide, sind in der Mitte platziert und bilden einen einladenden Eingangsbereich, der eine galerieähnliche Atmosphäre schafft. Polierte Edelstahlschienen- und -elemente sorgen für einen glänzenden Kontrast zu den Travertinpodesten. Typisch für die Arigato Stores: Einen klassischen Verkaufstresen sucht man vergebens, es gibt keinen im Pariser Laden, genauso wenig wie in allen anderen Stores der Marke.

Seit der Gründung 2014 hat Axel Arigato seine Präsenz stetig mit eigenen Retail-Standorten erweitert. Neben den eigenen Läden hat das Unternehmen noch einige Concessions bei Retail-Partnern, zuletzt eröffneten die Schweden eine Fläche bei Level Shoes in Dubai. Nun hat die schwedische Brand die Türen ihres ersten Flagship-Stores in Paris geöffnet: im Herzen des Marais, einem belebten Pariser Viertel, in dem viele französische Traditionen erhalten geblieben sind. Angeboten wird das gesamte Sortiment der Marke an Damen- und Herrenschuhen, Bekleidung und Accessoires sowie eine kuratierte Auswahl an Objekten auf einer Fläche von 135 m².

»Wir sind begeistert, endlich ein Geschäft im Marais zu eröffnen, nachdem wir fünf Jahre lang nach dem perfekten Standort gesucht haben. Paris hat uns viel Freude und Inspiration gegeben und seit wir unsere erste Fête de la Musique erlebt haben, wussten wir, dass dies der Standort ist, an dem wir sein wollten«, sagt Albin Johansson, CEO & Co-Founder des Unternehmens.

---

86 Rue Vieille du Temple, 75003 Paris, Frankreich | ERÖFFNUNG Juni 2021 | GRÖSSE 105 m² Store, 30 m² Innenhof | ARCHITEKTUR Halleroed Architects | LADENBAU & LICHT Axel Arigato Team | FOTOS Axel Arigato

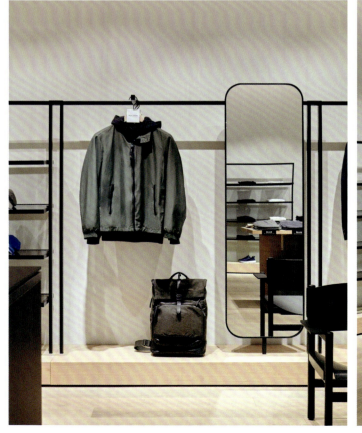

MARC O'POLO, MÜNCHEN

The Scandinavian Studio heißt das neue Store-Konzept, das Marc O'Polo im März 2021 in Pasing erstmals in einem Store gezeigt hat. Schon der Name verrät, dass hier auf die schwedischen Wurzeln des Unternehmens angespielt wird. Der nationale und internationale Roll-out ist bereits in vollem Gange.

FIRMENWERTE ALS GESTALTUNGSELEMENT

Simplizität, Natürlichkeit, Innovation, Zeitlosigkeit, Modernität und – gemäß den Wurzeln des Labels – skandinavisches Design – all das soll das neue Store-Konzept von Marc O'Polo transportieren. Nachdem es bereits auf einer Fläche bei Breuninger in Stuttgart vorgestellt wurde, feierte es Store-Premiere im März 2021 in den Pasing Arcaden in München. Die Gestaltung der 180 m² großen Fläche soll jetzt als Blaupause für Stores und Shop-in-Shop-Flächen dienen. Bei einem internationalen Design-Pitch setzte sich die Londoner Brand & Retail-Beratung Fitch durch und übernahm die Gestaltung. Bei der Umsetzung arbeiteten die Stephanskirchener mit den langjährigen Partnern von Knoblauch zusammen.

Entstanden ist ein Store, der durch die großzügige Gestaltung und das wertige Interieur auch seinen luxuriösen Anspruch unterstreicht. Allerdings alles mit skandinavischer Note. Charakteristisch für das Design sind reduzierte Formen und Farben, die die Produkte zu Protagonisten werden lassen. Dementsprechend dominiert Offwhite, das charakteristische Marc O'Polo-Grau setzt bei Kuben unter den Tischen, den Umkleidekabinen und Teppichen Akzente. Modernität soll über schwarze Elemente kommen, etwa bei den pulverbeschichteten Racks, Monitor-Frames und Leuchten aus Stahl sowie den Stühlen und dem Hospitality-Tisch, der gleichzeitig als Coffeetable und Kassentisch dient. Hier werden neben Kaffee typisch skandinavische Zimtschnecken auf Geschirr von Marc O'Polo Home serviert.

Helle Hölzer strahlen Natürlichkeit und Wärme aus. Die Tische und die Rückseite der Heropanels – großformatiger LED-Screens (4Dmagic), die von der Unternehmenszentrale aus gesteuert werden können – sind aus Edelkastanie gefertigt. Für Parkett, Podeste und Warenträger kam geweißte Eiche zum Einsatz. Die Verantwortlichen haben sich dabei nicht nur auf natürlich wachsende Rohstoffe konzentriert, sondern auch auf regionale Materialien und Fertigung. Zugekaufte Möbel stammen laut Marc O'Polo aus nachhaltiger, europäischer Herstellung, darunter die Loungesessel von Takt. Ein Highlight in puncto Nachhaltigkeit ist auch die Schaufensterrückwand, die im Inneren des Ladens als Präsentationsfläche für ausgewählte Produkte dient. Sie besteht aus recyceltem Material mit Kalksteinoptik in Offwhite. »Luxuriöse Leichtigkeit«, wie es aus dem Unternehmen heißt, vermitteln Regale mit grau getöntem Glas. An einigen Stellen werden gezielt platzierte Pflanzen zum Blickfang.

Der Blick von außen in den Store ist offen, in den Schaufenstern stehen Vollfiguren. Die langen, geradlinigen Tische zur Warenpräsentation im Zentrum des Ladens fügen sich in die Form des Raumes ein, gleiches gilt für die 1,80 Meter hohen Kleiderstangen an den Wänden. Sowohl an den Racks als auch auf den Tischen und Tableaus wird die Kollektion konsequent in 3er Hängung präsentiert, damit der großzügige Eindruck erhalten bleibt. Schuhe und Accessoires werden auf dezenten Präsentern so angeordnet, dass sie jeweils zum gezeigten Look passen. Um bei der Anordnung flexibel zu bleiben, können Spiegel, variable Warenträger und Regale individuell konfiguriert werden. Die Spiegel brechen mit ihren abgerundeten Ecken die Geradlinigkeit ein wenig auf und grenzen sich so wie die LED-Leuchten durch ihre organischen Formen vom Rest ab.

Pasinger Bahnhofsplatz 5, 81241 München | ERÖFFNUNG März 2021 | GRÖSSE 180 m² | ARCHITEKTUR Fitch | LADENBAU & LICHT Knoblauch | FOTOS Marc O'Polo

DAILY PAPER, LONDON

Erst New York, jetzt London. Daily Paper expandiert weiter: Kürzlich hat das Amsterdamer Label seinen zweiten Laden außerhalb des Heimatmarktes eröffnet. Erkennungszeichen ist das Logo, das an ein Schild erinnert, wie es traditionell afrikanische Krieger tragen.

AUF EROBERUNGSZUG

Schon 2018 landete das Amsterdamer Streetwear-Label in der britischen Hauptstadt mit einem ersten Pop-up-Store. Seitdem hat sich Daily Paper in der Stadt kontinuierlich an vielen Kampagnen und Kooperationen mit Talenten und Kreativteams beteiligt. Ein eigener Londoner Store war daher der nächste logische Schritt. Es ist der zweite internationale Standort der Marke. Der erste eröffnete im Oktober 2020 in New York.

Der neue Flagship-Store befindet sich im bunten Soho-Viertel. Auf 200 m², die sich über zwei Etagen erstrecken, werden Accessoires, Ready-to-wear und eine Reihe von Kapseln, die im Rahmen verschiedener Kooperationen entstanden sind, verkauft. Die Besucher gelangen über eine kleine Brücke vor dem Eingang in den Raum. Ein dunkelgrünes Treppenhaus im hinteren Teil des Stores ist mit einem Oberlicht versehen, das Tageslicht einfallen lässt und den Weg in den unteren Bereich des Ladens beleuchtet. Die Verkaufsfläche bietet darüber hinaus auch Platz für Veranstaltungen.

An der Außenseite der unteren Etage ist eine charakteristische Backsteinmauer zu sehen. Die Front wurde in eine vollständige Fensterfassade umgewandelt, sodass eine Fülle von natürlichem Licht den Raum erhellt. Um am neuen Standort auch an den NYC Flagship-Store zu erinnern, greift der Londoner Store das Schild-Logo auf dem Türgriff auf. Highlight des Stores: Das Bodenmosaik im Eingangsbereich, das die Geschichte von Daily Paper erzählen soll. Es zeigt drei Tiere, die die Herkunftsländer der Gründer symbolisieren. Löwe, Leopard und Adler stehen jeweils für Ghana, Marokko und Somalia.

Eine mit Nussbaumholz verkleidete Treppe ist das Herzstück der Fläche, sie führt in den unteren Bereich des Ladens. Dort befindet sich in der Mitte des Raumes eine Sitz- und Präsentationsmöglichkeit, die aus recycelbaren Kunststoffplatten hergestellt und von der niederländischen Firma The Good Plastic Company entworfen wurde. Eine Spezialanfertigung – in Kooperation mit dem niederländischen Figurenhersteller Hans Boodt – sind auch die Display-Mannequins. Inspiriert von den alten ägyptischen Königen, posieren sie als Wächter des Geschäfts. Die Kleiderständer sind aus rostfreiem Stahl gefertigt und im gesamten Laden in die Wände eingelassen. Vollständig mit Spiegeln bedeckt, vergrößern die Wände auf natürliche Weise den Raum und schaffen Raum für Lichtreflexionen.

Ein gebrandetes Monogramm ist als Wasserzeichen auf den Sitzflächen und auf den Vorhängen der Umkleidekabinen zu sehen. Die Kleiderhaken in den Umkleidekabinen greifen eine 3D-Version des Monogramms auf. Niederländische Innenarchitektur-Einflüsse spiegeln sich in den »Chubby«-Stühlen von Dirk van der Kooij wider. Die Stühle stehen in jeder der Umkleidekabinen und sind aus zehn Kilogramm zerkleinertem, recyceltem Kühlschrank-Innenleben gedruckt.

14–16 Great Pulteney Street, Soho, W1F 9ND London, Großbritannien | ERÖFFNUNG Juni 2021 | GRÖSSE 200 m², zwei Etagen | ARCHITEKTUR Heather Faulding | LADENBAU Floor Hoeke | LICHT keine Angabe | FOTOS Daily Paper

LA DOUBLE J, MAILAND

Jennifer Jane Martin ist La Double J. Im Herzen von Mailand, mitten im Goldenen Dreieck, hat die Unternehmerin jetzt den ersten Laden ihres Labels eröffnet. Freude soll er machen und den Mailändern signalisieren, dass man trotz Pandemie auf bessere Zeiten vertraut.

SPASSMACHER

Für einen Augenblick die Sorgen rund um die Corona-Pandemie vergessen – das können Kundinnen und Kunden beim Betreten des neuen La Double J-Ladens im Goldenen Dreieck von Mailand. Denn dieser Laden macht einfach nur Spaß. Sowohl beim Inhalt als auch bei der Verpackung.

Die gebürtige Amerikanerin Martin lebt seit fast 20 Jahren in Italien und ist mit ihrem 2015 gegründeten Unternehmen ursprünglich als Shopping-Magazin mit Vintage-Kleidung und -Schmuck gestartet. Inzwischen hat es sich zu einem Lifestyle-Label entwickelt, nach Aussagen von Martin alles zu 100% Made-in-Italy. Neben der charakteristischen Womenswear mit den kunterbunten Drucken bietet sie auch Accessoires und Homeware, vom Geschirr bis zur Bettwäsche, an. Bislang gab es Double J in erster Linie im eigenen Online-Shop, in Pop-ups und in den Läden der Großhandelspartner. In Deutschland gehören z. B. KaDeWe, Petra Fischer, Lodenfrey und Anita Hass zu den Kunden.

Warum kommt genau jetzt der erste Store? »Wir möchten in der Mailänder Via Sant'Andrea das Einzelhandelserlebnis neu überdenken und die kalten Mausoleen von gestern hinter uns lassen, in denen sich der Kreislauf aus Kaufen, Verkaufen, Reduzieren, Ausverkaufen und Warten auf die neue Saison ständig wiederholt«, sagt Jennifer Jane Martin. Das Sortiment soll alle zwei Wochen wechseln, zum Teil mit Produkten aus vergangenen Saisons. Angeboten werden auch besondere, schwer zu findende »Schätzchen«, wie etwa italienische Reisebücher aus den 1930er Jahren, traditionelle »Buon Ricordo«-Keramikteller und eine Auswahl von Martins liebsten Vintage-Kleidern und Schmuckstücken. Grundsätzlich gebe es aber alles aus dem stationären Laden auch im Online-Shop und die Mitarbeiter beider Kanäle sollen eng kooperieren.

Dafür, dass der neue Double J mehr ist als nur ein Ort des Verkaufens, hat unter anderem das Mailänder Büro Paolo Badesco gesorgt, von dem das Interior Design stammt. Auffälligstes Element ist die über und über mit grünen Lotusblättern übersäte Decke auf der Ready-to-wear-Etage des zweigeschossigen gut 120 m² großen Stores. Die Künstlerin JoAnn Tan hat sie entworfen und aus umweltfreundlichem Steinpapier fertigen lassen. Den Boden ziert ein handgemalter geometrischer Vintage-Druck aus dem Double J-Archiv. Als Kassentresen dient eine alte englische Bar aus den 1910er-Jahren. Im Homeware-Bereich ist geflochtenes Rattan das dominierende Material. Dort gibt es Murano-Gläser, Tischwäsche, Porzellanteller aus Verona, eine für Ladurée entworfene Tee- und Dessert-Linie, inklusive Schürzen, Servietten und natürlich Macarons in bedruckten La Double J-Schachteln.

Die »Sacred Grotta« im Untergeschoss ist wohl das Element des Ladens, das am stärksten aus den Erfahrungen der Pandemie resultiert. »Wenn mich Covid-19 eines gelehrt hat, dann, dass unsere Kunden verzweifelt nach mehr suchen. La Double J arbeitet im Business der Freude, und ich will einer Frau nicht nur ein Kleid verkaufen. Ich bin eigentlich glücklicher, wenn ich sie dazu bringen kann, zu meditieren, sie in eine neue Pranayama-Atemtechnik einzuführen oder ihren Herzraum zu öffnen«, sagt Jennifer Jane Martin. All das seien Themen der während des Lockdowns veranstalteten Zoom-Webinare von Double J gewesen. Die gesamte untere Etage ist deshalb als Ort für Veranstaltungen und Live-Streams konzipiert. Eyecatcher ist eine vom rumänischen Künstler Aitch gemalte Szene mit mystischen Symbolen und Darstellungen der Göttinnen Isis, Grüne Tara oder Quan Yin.

Via Sant'Andrea 10, 20121 Mailand, Italien | ERÖFFNUNG April 2021 | GRÖSSE 124 m² | ARCHITEKTUR Paolo Badesco & Partners | LADENBAU Installations and Windows JoAnn Tan Studio, Wallpaper AITCH | LICHT keine Angabe | FOTOS Filippo Bamberghi

IDENTITY HAND CRAFTED

WIR SCHAFFEN RÄUME, DIE SO ECHT SIND WIE WIR.

KNOBLAUCH

WWW.KNOBLAUCH.EU

we love light
we live for light

Wir lieben das Licht in all seinen Facetten. Unsere Beleuchtungslösungen setzen Fashion, Shoes und Accessoires am Point of Sale gekonnt in Szene. Materialien und Farben, feine Details und Nuancen der Produkte werden durch das Licht realitätsgetreu abgebildet. Stimmige Beleuchtung sorgt für die passende Atmosphäre, zusätzliche Akzente und eine Zonierung des Shops lenkt die Aufmerksamkeit und den Fokus der Kunden. Licht bringt das nötige Leben in den Laden.

MOVA

SHOP-LICHT // Highend-Produkte erfordern qualitatives, funktionales Beleuchtungsdesign und ein hohes Maß an Fingerspitzengefühl bei der Planung. Abgestimmt auf Brand und Shop-Architektur liefert Molto Luce ein harmonisches Konzept für designorientiertes effizientes und maßgeschneidertes Shop-Licht.

Wels / Wien / Graz / Innsbruck
München / Köln / Hamburg
Brescia / Lenzburg

www.moltoluce.com

Noch mehr schöne Läden

...sehen Sie regelmäßig im TextilWirtschaft Magazin und auf www.TextilWirtschaft.de/stores.
Hier gibt die Redaktion spannende Einblicke in aktuelle Neueröffnungen und kürt die Top Stores.

Ihr Kontakt zur Läden-Redaktion:
Laeden@TextilWirtschaft.de

www.TextilWirtschaft.de

Eine Marke der dfv Mediengruppe.

LIGHT ART GOES RETAIL
Erlebnisräume der elan Beleuchtungs- und Elektroanlagen GmbH

Einkaufen als Kulturevent:

Unsere Licht- und Kunstinstallationen ermöglichen einen neuen Blick auf Storedesign.

Die sich schnell verändernde Zeit erfordert inspirierende Neuschöpfungen im Retailsegment.

Lichtplanung, Innenarchitektur und Elektrotechnik: Unsere hauseigene handwerkliche Präzision ermöglicht Gestaltung der Extraklasse.

Unsere Leitidee? Licht als Lebenseinstellung!

Tänzerinnen - Gouache - akad. Künstler Udo Sander

www.elan-gmbh.de

SCHLEGEL concepts

KOMPLETTLÖSUNGEN
GENERALUNTERNEHMER · MÖBELPRODUKTION · SERIENKONZEPTE

WWW.SCHLEGEL-CONCEPTS.COM

Planung: blocher partners, Stuttgart, Foto: Joachim Grothus

KONHĀUSER

[*Werkstätten*]

VON KONZEPT BIS UMSETZUNG. UND VON JETZT AUF GLEICH.

―
Leading im Ladenbau.

Top Design, kluge Konzepte, schnelle Umsetzung – bei höchster Qualität. Wenn Kompromisse auf Ihren Flächen keinen Platz haben, sind die Konhäuser Werkstätten der richtige Partner für Sie und Ihren Ladenbau. Wir wissen, worauf es im Retail ankommt und begleiten Sie von der ersten Idee bis zum letzten Schliff. Mit maßgeschneiderten Lösungen. Und ohne Zeitverlust.

Objekt | Gastronomie | Ladenbau **www.konhaeuser.de**

**SHOPFITTING
MANNEQUINS
DESIGN**

WIR BRINGEN ZUSAMMEN WAS ZUSAMMEN GEHÖRT

SHOPFITTING | MANNEQUINS | DESIGN

IRW Germany GmbH | Essener Strasse 59 | D-46047 Oberhausen | infos@irw-germany.de | 0208 88 22 71 0

LAUINGER PLANUNG & PROJEKT GMBH & CO. KG

LADENBAU
OBJEKTEINRICHTUNG
INNENAUSBAU

Wir sind Ihr Partner für HOCHWERTIGEN und exklusiven Laden- und Innenausbau für Handel, Industrie und Dienstleistung.

Wir produzieren ausschließlich in Deutschland. Design, Entwicklung und Montage erfolgen im eigenen Haus. Das ermöglicht eine reibungslose Umsetzung von einzelnen Möbelkomponenten bis zur schlüsselfertigen Komplettausstattung von Großobjekten.

Für uns steht eine NACHHALTIGE und ÖKOLOGISCHE Arbeitsweise im Vordergrund. Unsere komplette Produktion erfolgt über Solarenergie und wir verwenden bevorzugt einheimische Hölzer.

ESCHEWAND
by Lauinger

> 500 m²

BRÜNDL, KAPRUN

Bei der Planung seines 16 Millionen Euro-Baus ließ sich Sporthändler Christoph Bründl von erstklassigen Hotels und Restaurants inspirieren. Im neuen Flaggschiff im österreichischen Kaprun ist so nicht nur eine Verkaufsfläche voller Highlights entstanden, sondern das Familienunternehmen präsentiert dort auch erstmals seine Idee von Gastronomie.

NEUE MESSLATTE

Mutiger Antreiber, Optimist, immer bereit, neue Wege zu gehen – so beschreibt Christoph Huber vom Modehaus Garhammer in Waldkirchen und seit langem Mitglied im Beirat von Bründl den geschäftsführenden Gesellschafter Christoph Bründl. »Er prägt das Unternehmen extrem, als Person und als Unternehmer.« Das neue Flaggschiff des Sporthandelsunternehmens, das im Oktober 2021 eröffnet wurde, unterstreicht diese Aussage. In Kaprun hat Christoph Bründl gemeinsam mit seinen Stammarchitekten Blocher Partners ein Haus mit Alleinstellungscharakter geschaffen.

Der bestehende Store, der bei seiner Eröffnung 2008 schon für Aufsehen sorgte, wurde erweitert und komplett umgebaut. Die Netto-Verkaufsfläche wurde von 1200 m² auf 2500 m² verdoppelt. Das Haus auf eine Gesamtfläche von 5600 m² vergrößert, die Eingangstreppe nach vorne gezogen. Allein diese Maßnahme, die eher dem Befolgen von Feng Shui-Regeln als dem Gewinn von 78 m² Verkaufsfläche geschuldet war, schlug mit mehr als einer halben Million Euro zu Buche. Insgesamt investierte Bründl 16 Millionen Euro in das neue Flaggschiff in den Alpen.

Ein Highlight ist der Panoramasteg in 20 Metern Höhe mit spektakulärem Ausblick. Eine gläserne Ski-Service-Werkstatt wurde installiert, die Ski-Abteilung verdreifacht und eine 15 Meter lange Laufbahn geplant, die von sechs Projektoren auf den Boden der Schuhabteilung im Erdgeschoss projiziert wird. Für die Kinder wurde eine etagenübergreifende Riesenrutsche nebst Kids-Boulderwand eingebaut. Es wurden großzügige Aktions- und Präsentationsflächen geschaffen mit der vierfachen Zahl an Figurinen. Und der Einstieg in die Gastronomie gewagt. 100 Plätze gibt es jetzt in der neuen Rooftop-Lounge. 50 innen, 50 auf der Terrasse, mit beheizten Sitzbänken und 360 Grad-Panorama-Weitblick.

Doch Bründl ging es auch um Nachhaltigkeit. Entstanden ist so der erste Laden in Österreich, dessen Innenausbau ÖGNI zertifiziert ist, dem österreichischen Ableger der DGNB (Deutsche Gesellschaft für nachhaltiges Bauen). Schonender Umgang mit Ressourcen und der Einsatz schadstoffarmer Produkte waren Maximen beim Umbau. Konkret umgesetzt wurden diese etwa durch Photovoltaik-Anlagen und recyclingfreundliche Baustoffe. Nachhaltige Hölzer wie Weißtanne, Fichte und Zirbe, die duftende »Königin der Alpen«, sorgen für Wohlfühlatmosphäre. Sichtbeton in Kombination mit einem Kautschuk-Boden in hellem Grau verleiht einen modernen Touch. Grüner Rauriser Naturstein kommt unter anderem im Kassenbereich und beim Trinkbrunnen zum Einsatz, geschliffener Edelstahl setzt markante Akzente. Im Kids Corner kommen Kunststoffplatten aus alten Schokoladen-Gussformen zu neuen Ehren, Textilfaserplatten aus recycelten Textilien verkleiden als Paneele Wände und Möbel.

Doch vor allem will Bründl seinen Besuchern Magic Moments bieten. Den Laden versteht er als Point of Excitement und orientiert sich dabei an den besten Fünf-Sterne-Hotels der Welt. 70 Prozent der Kunden in Kaprun sind Touristen. Denen in Zukunft ein noch angenehmeres Einkaufserlebnis zu bieten, ist künftig Aufgabe eines Concierge. Mäntel abnehmen, Taschen einschließen, mit Rat und Tat zur Seite stehen – ein Service, wie man ihn in einem erstklassigen Hotel oder Restaurant erwarten darf. Neben der Leuchtturm-Funktion, die auf die anderen 30 Bründl-Stores abstrahlen soll, ist der neue Laden ein Labor. Vor allem eines für digitale Magic Moments. Mit Screens und Projektoren, mit einer Quick Pay-Kasse im EG, mit digitalisierten Reservierungen, Bestellungen und Terminvereinbarungen. Ein Element der digitalen Vision 2025 ist ein Online-Shop. »Den müssen wir aufbauen, ja. Aber intelligent und stufenweise. Dabei lernen wir extrem viel von Händlerkollegen«, sagt Bründl. Weiter voran gehen, auch unter neuen Gegebenheiten, musste Bründl auch bei den Umbauarbeiten, die größtenteils während der Corona-Pandemie und -Lockdowns stattfanden. Eine Erfahrung, die herausfordernd, aber auch alternativlos war: »Wir haben wahnsinnig viel in Unsicherheit entschieden. Aber Nichtentscheiden ist für mich das Grausamste.«

Nikolaus-Gassner-Straße 4, 5710 Kaprun, Österreich | ERÖFFNUNG Oktober 2021 | GRÖSSE 2500 m² VK-Fläche/5.600 m² Gesamtfläche | ARCHITEKTUR Blocher Partners | BAUMANAGEMENT MAB Kaprun | LADENBAU Umdasch – The Store Makers | LICHT keine Angabe | FOTOS Bründl Sports/Joachim Grothus

BENESCH, AUGSBURG

»Es ist eine Investition in die Zukunft«, sagt Rosemarie Benesch, die seit 45 Jahren mit Herzblut und Leidenschaft ihre Geschäfte in Augsburg und Landsberg betreibt. Jetzt hat sie mit Blick auf ihren Enkel Daniel Gerstmeier, der als dritte Generation das Unternehmen in die Zukunft führen soll, in Augsburg einen neuen Store eröffnet.

INVESTITION IN DIE ZUKUNFT

Auf 950 m² und in Toplage mitten in der Augsburger Fußgängerzone ist die neue Benesch-Location in eine ehemalige Esprit-Filiale umgezogen. Zuvor hatte man lediglich 180 m² Verkaufsfläche in einer Nebenlage der bayerischen Kaufmannsstadt. Auf der neuen Fläche will man dem hochwertigen Luxus-Sortiment mehr repräsentativen Raum geben. So können Designerlinien von Valentino, Celine, Versace, Balmain und Balenciaga mit deutlich mehr Großzügigkeit dargestellt werden. »Die Designer werden immer anspruchsvoller, was die Präsentation ihrer Kollektionen angeht. Dem tragen wir damit Rechnung«, erklärt Rosemarie Benesch.

Die Inspiration für Interior und Gestaltung haben sich Benesch und ihr Enkel entsprechend bei internationalen Luxus-Stores von Designhäusern wie Celine und Saint Laurent geholt. Sehr modern, clean und zeitgemäß präsentiert sich damit der neue Laden. Die HAKA im Erdgeschoss ist in Schwarz gehalten mit mattschwarzen Warenträgern und schwarzer Marmor-Verkleidung. Die DOB im ersten Obergeschoss setzt ganz auf Weiß und Helligkeit mit weißem Marmor und hochglanzpoliertem Edelstahl für die Warenträger. Ohnehin sind Stein, Glas und Metall die vorherrschenden Materialien.

Besondere Eyecatcher sind auch die Warenträger und Podeste. Alle sind hängend angebracht und jeweils beleuchtet, wodurch sich eine angenehme, indirekte Beleuchtung im Store ergibt. Vorherrschendes architektonisches Stilmittel ist darüber hinaus eine gewisse Asymmetrie, die den Raum und die Warenträger bestimmt. Nicht zuletzt dadurch wird die moderne Optik unterstrichen.

Die Gestaltung wurde gemeinsam mit dem Augsburger Architekten Davide Conti realisiert. Die Investitionen betrugen 2 Millionen Euro. Ein mutiger Schritt in Zeiten wie diesen. »Aber mit Blick auf die Zukunft unumgänglich«, sagt Benesch. Trotz mehr oder weniger durchgängigem Lockdown seit der stillen Eröffnung im Herbst bis in das Frühjahr hinein blickt die Händlerin positiv in die Zukunft.

Bis dahin fangen die Augsburger Umsatzausfälle des stationären Geschäfts vor allem über eine starke Präsenz bei Farfetch auf. »Farfetch ist mittlerweile ein wichtiges Business für uns, das in Zeiten des Lockdowns nochmal stark gewachsen ist«, sagt Daniel Gerstmeier, der seit fünf Jahren im Unternehmen ist. »Und die Zeiten werden auch wieder besser«, wie er in Hinblick auf die neue Location betont.

Annastraße 15, 86150 Augsburg | ERÖFFNUNG Oktober 2020 | GRÖSSE 950 m² | ARCHITEKTUR Davide Conti Architektur | LADENBAU Kreutzer Messebau | LICHT Davide Conti Architektur | FOTOS Artdirection 4U Advertising

BERSHKA, PARIS

Die zweitgrößte Marke aus dem Portfolio der spanischen Inditex-Gruppe hat in Paris einen Store in brandneuem Design eröffnet. Mit einer Gesamtfläche von 1944 m² und 1156 m² Verkaufsfläche ist der Laden der 52. und zugleich größte der Young Fashion-Linie in Frankreich. Das Design kann sich sehen lassen: Natürlicher Lehmputz trifft auf kreisrunde Design-Elemente und viele LED-Screens.

GROSSER AUFTRITT

Die Neueröffnungen der Inditex-Gruppe in Deutschland waren zuletzt rar gesät. Nun schicken die Spanier nach langer Zeit einen neuen Store ihrer Young Fashion-Marke Bershka an den Start – mit brandneuem Design. Die Einrichtung wurde speziell für diesen Standort neu entworfen. Sie soll, so heißt es aus dem Unternehmen, »das Bershka-Image neu definieren und einen einzigartigen Raum schaffen, in dem der Schwerpunkt auf einer neutralen Atmosphäre liegt, um die angebotene Kleidung und ihre strahlenden Farben noch stärker zu betonen«.

Entsprechend clean und ruhig ist die Ausstrahlung des Raumes, der komplett in einem hellen Naturton gehalten ist. Ein Highlight ist der dafür verwendete Lehmputz, der laut Bershka erstmals in einem

Geschäftsraum umgesetzt wurde und trotz aller Helligkeit für ein Gefühl von Wärme beim Betreten der Fläche sorge.

Den Gegenpart dazu bilden die schlichten Warenträger aus lackierten Eisenstangen, an denen die Hängeware präsentiert wird. Akzente setzen Warentische mit Sockeln in Steinoptik und zahlreiche kreisrunde, beleuchtete Elemente. Die runde Form findet sich auch an vielen anderen Stellen im Laden wieder, insbesondere im Bereich der Umkleidekabinen, die spiralförmig angeordnet sind. Auffällig ist auch die luftige Warenpräsentation mit sehr viel Platz, die man von Bershka eigentlich sonst so nicht kennt. Nebeneffekt: Das neue Interior kommt dadurch besonders gut zur Geltung.

Für eine schnelle Auffindbarkeit sticht der Kassenbereich aus dem eigentlichen Gestaltungskonzept heraus. Er befindet sich am Ende des Ladens und wirkt mit seinen Stahlböden und -wänden wie ein separater Raum aus Metall. Dort integriert sind auch die Selbstbedienungskassen. Über zahlreiche LED-Screens werden News und neue Produkte gezeigt.

Prominent ist auch der Standort im Einkaufszentrum Westfield Forum des Halles, mitten in der französischen Hauptstadt zwischen Louvre und Centre Pompidou gelegen. Und in unmittelbarer Nachbarschaft zu einem ebenfalls neu eröffneten Magneten in der Pariser Innenstadt, dem Museum Bourse de Commerce Pinault Collection.

Forum des Halles, Porte Berger Nr. 101, Paris, Frankreich | ERÖFFNUNG Mai 2021 | GRÖSSE 1944 m² Gesamtfläche, 1156 m² Verkaufsfläche | ARCHITEKTUR & LADENBAU, LICHT & FOTOS Bershka

JELMOLI KINDERMODEABTEILUNG, ZÜRICH

Halfpipe, Gaming Area, Klettergerüst und Schaukel – all das findet sich in der neuen Kinderwelt von Jelmoli. Der Schweizer Department Store zeigt damit, wie sich Erlebnis für ganz verschiedene Altersgruppe harmonisch auf die Fläche bringen lässt.

BUNTE SPIELWIESE

Die Kindermodeabteilung stand relativ weit oben auf der Agenda von Nina Müller, als sie im April 2020 als CEO bei Jelmoli startete. Auch weil die Kindermodefläche vor dem aktuellen Umbau neben der Herrenmode lag. »Auch wenn Männer heute ebenfalls für und mit ihren Kids shoppen gehen, passt das visuell nicht zusammen. Wenn wir erfolgreich Cross-Selling betreiben wollen, müssen wir Welten verbinden und den Kunden 360 Grad bedienen«, sagte Müller im Herbst 2020 im Interview mit der Textil-Wirtschaft. Eine neue bessere Lage für die Kinderwelt zu finden, war also erklärtes Ziel.

Im Spätsommer 2021 hat man sie gefunden: Die neue Abteilung liegt in der zweiten Etage des Zürcher Traditionshauses – auf einer Etage mit der Damenschuhwelt. Gemeinsam mit den Retail-Experten von Liganova aus Stuttgart wurde für die knapp 650 m² große Fläche ein neues Konzept erarbeitet. Ziel war es eine Welt zu schaffen, die Eltern wie Kinder zum Verweilen einlädt. Dabei wurde für jede Altersgruppe in Design, Ausgestaltung und Farbgebung ein Bereich geschaffen, in der sie sich wiederfindet. Mit einer Schaukel, Klettergerüst und Magic Walls für kleinere Kinder. Einer Halfpipe und Gaming Area für Teens. Die Wände gestaltete die Zürcher Designerin und Illustratorin Yael Anders.

Dabei wirkt die Abteilung alles andere als laut oder knallig. Während bei Böden, Decken und Regalen Beige-, Sand- und Holztöne dominieren, werden mit einem Umkleidekabinenblock in Knallrot, einer Regalwand in Sonnengelb oder einer Wandverkleidung in Salbeigrün kräftige Akzente gesetzt. Wiederkehrendes Element ist ein Schachbrettmuster am Boden. Mal in Rot, mal in Beige, mal mit großen Rechtecken, mal in kleinerem Format. Das schafft Verbindung und so wirkt die Abteilung – obwohl so viele unterschiedliche Altersgruppen angesprochen werden – harmonisch.

Mit Eröffnung der neuen Kinderwelt stellt Jelmoli zudem ein neues Maskottchen vor: das Murmeltier Moli soll künftig Merchandise-Artikel für Kinder zieren. Mit den Worten »Willkommen in Zürichs schönster Kinderwelt« begrüßt es die kleinen und großen Besucher auf einem Plakat am Abteilungseingang.

Die Neugestaltung der Kinderwelt ist nur eine der Flächen, die unter CEO Müller transformiert wurden. Im vergangenen Herbst holte Müller das Streetwear-Konzept Spotlite zurück auf die Fläche. Außerdem wurde eine Filiale im neuen Quartier The Circle am Zürcher Flughafen eröffnet.

Seidengasse 1, 8001 Zürich, Schweiz | ERÖFFNUNG September 2021 | GRÖSSE 641 m² | ARCHITEKTUR Liganova | LADENBAU DULA | LICHT Jelmoli | FOTOS Witwinkel

GÖRTZ, DÜSSELDORF

Im Gebäude-Ensemble Kö-Bogen II in Düsseldorf hat Görtz ein 1200 m² großes Flagship eröffnet. Geplant wurde das »Store-Konzept der Zukunft« in der Corona-Krise – mit Café, Vintage-Fläche und Blumenladen.

THE NEXT GÖRTZ-GENERATION

Schuhe, Taschen, Accessoires – die findet man natürlich im neuen Görtz-Store. Aber auch Pflanzen, Secondhand-Kleidung, Labels to watch, Marzipan und ein Café. Der Hamburger Filialist hat sich etliche Partner mit auf die große Fläche geholt, die sich über drei Etagen in dem modernen Düsseldorfer Neubau erstreckt. Pop-up-Flächen für immer wieder neue Produkte und Labels sollen die Online-Marktplatz-Idee stationär umsetzen.

Auch die Ladengestaltung ist komplett neu entwickelt worden. Der Look ist eine Symbiose aus Naturelementen und moderner Tape Art sowie Möbeln aus recycelten Materialien. Der Store besticht zusätzlich mit einer Fensterfassade von über 60 Metern zur Bleichstraße, einer lichtdurchfluteten Galerie und Deckenhöhen von bis zu sechs Metern. Der Treppenbereich bis zum zweiten Obergeschoss wurde vom Berliner Künstlerkollektiv Tape That gestaltet.

Im Erdgeschoss befindet sich ein Café von Mr. Ben, Blumen und Pflanzen des Düsseldorfer Floristen Fiori, Niederegger-Marzipan, ein Schuh-Catwalk, ein Schuhbereich sowie Accessoires. Im ersten OG befinden sich die Herren- und Kinderschuhe sowie die bislang zweite Fläche des Berliner Pop-up-Konzeptes Freiraum, das urbanen Online-Labels zu stationärer Präsenz verhelfen will.

Hier sind aktuell auf rund 50 m² Taschen, Fashion, Beauty und andere Lifestyle-Artikel erhältlich. Im Untergeschoss belegt das Secondhand-Konzept Vintage Revivals 240 m².

»Das Konzept des Kö-Bogens II ist zukunftsgerichtet und innovativ. Somit bietet uns dieser Standort ein perfektes Umfeld, um neue Ideen umzusetzen und zu testen. Dazu gehört zum Beispiel die Integration frischer Shoppingkonzepte mit Synergie-Effekten unter einem Dach. Wir schaffen für unsere Kundinnen und Kunden eine trendige Wohlfühlatmosphäre und bieten ihnen in diesem neuartigen Konzept eine Vielfalt an Stilen und Inspirationen«, resümiert Görtz-CEO Frank Revermann.

Das Schuhsortiment sei jünger und modischer als im durchschnittlichen Görtz-Geschäft. Im Sortiment sind Marken wie Dr. Martens, Another A, Vagabond, Woden, Love our Planet, Adidas Originals, Vans, On, Copenhagen, AGL, Calvin Klein, Tommy Hilfiger, Peter Kaiser, Aigner, Cox, Crockett & Jones, Santoni, Scotch & Soda und Timberland. Im Store werden rund 40 Mitarbeiter beschäftigt. Das Flagship gehört laut Revermann zu den vier größten Görtz-Stores. Zehn Flagships hat der Filialist, der in Summe knapp 180 Läden betreibt.

Kö-Bogen II, Schadowstraße 42–52, 40212 Düsseldorf | ERÖFFNUNG September 2021 | GRÖSSE 1200 m² | ARCHITEKTUR Ludwig Görtz in Zusammenarbeit mit Birgit Dojahn, Heike Busch, Julia Schick | LADENBAU Hoffmann Ladenbau | LICHT ITAB Lighting Germany | FOTOS Ludwig Görtz

LYNK & CO, BERLIN

In Berlin hat die schwedisch-chinesische Automarke Lynk & Co im Herbst den ersten Club in Deutschland eröffnet. Das Konzept ist genauso neu wie innovativ: Eine andere Art des Autodirektverkaufs und -verleihs trifft eine Fläche mit Community-Charakter, Retail inklusive.

MEMBERS ONLY

Clubs haben Konjunktur. Sie stehen für Exklusivität, Modernität, Urbanität. Mitglied werden, bevor man mitmischen kann – dieses Prinzip scheint sich auszuzahlen. Zumindest für einige. Das System macht sich auch Lynk & Co zunutze, eine junge Autofirma, die in Zusammenarbeit von Volvo und dessen chinesischem Mutterkonzern, dem Automobilhersteller Geely, entstanden ist. Seit 2016 sind sie auf dem Markt. Der Clou: Die Autos werden nur im Direktvertrieb verkauft oder in einem Leih- und Carsharing Modell. Alles ist angesiedelt in sogenannten Lynk & Co Clubs, zu denen nur Mitglieder Zugang haben.

Die monatliche »Miete« für ein Auto beträgt 500 Euro. Vielmehr ist es aber eine Mitgliedschaft, die ein Hybrid- oder E-Auto beinhaltet und die zudem Zugang zu vielen weiteren Möglichkeiten eröffnet. Mit ihrem Konzept richten sich Lynk & Co vor allem an eine junge, urbane Zielgruppe, Thema Sharing Economy, für die das Besitzen keinen so

hohen Stellenwert mehr hat. Stattdessen steht der Community-Gedanke im Mittelpunkt. Jede Automiete kann zu beliebigen Teilen mit anderen Personen geteilt werden, sodass man ein Auto nur zur Hälfte oder weniger nutzt und sich der Mitgliedsbeitrag entsprechend reduziert.

In den Räumlichkeiten des Clubs steht das Thema Auto nicht im Vordergrund. Stattdessen gibt es gut eingerichtete Co-Working-Spaces, eine Café-Bar, zahlreiche Lounge-Areas sowie Fläche für exklusive Partys und Events. Auf der Retailfläche können Mitglieder Ware von ausgesuchten Marken kaufen. Möglichst regional und nachhaltig. So zählen beispielsweise aktuell die loungige Streetwear von On Vacation Club sowie das Picknickgeschirr von Otherware – beide aus Berlin, ebenso dazu wie die Got Bag, ein Rucksack aus Meeresplastik von einer jungen Firma aus Mainz.

Das Interior bei Lynk & Co hat das Amsterdamer Architekturbüro Space entwickelt, umgesetzt wurde es von der Ganter Group.

Alles ist höchst instagrammable und jeder Raum für sich ein Erlebnis. Ein Rondell in Blau, das zum Sitzen und Netzwerken einlädt, trifft auf einen verspiegelten, kupferfarbenen Kubus, in den man sich für private Besprechungen zurückziehen kann. Daneben ein Retailbereich mit mintfarbener Wanddeko. Selbst die Toilette im schwarz-weißen Spiegelkabinett-Look ist ein Erlebnis für sich.

Das Besondere am Ladenbau: Es wurde in hohem Maße auf Nachhaltigkeit und Umweltverträglichkeit geachtet. Die Oberfläche der Kuben ist beispielsweise mit einem neuartigen Material beschichtet, das aus recyceltem Zeitungsp apier hergestellt ist. Für die glänzenden Oberflächen aus Metall wurden alte Aluminiumteile von Werkstoffhöfen benutzt sowie Abfallstoffe aus der Automobilindustrie.

Vier »Clubs« gibt es mittlerweile in Europa: in Amsterdam, Antwerpen, Göteborg und Berlin. Dazu derzeit ein Pop-up in Hamburg und seit November auch in München.

Münzstraße 21–23, 10178 Berlin | ERÖFFNUNG September 2021 | GRÖSSE 450 m² | ARCHITEKTUR Space Projects | LADENBAU Ganter Group | LICHT keine Angabe | FOTOS Lynk & Co

KITH, PARIS

Es ist der bisher größte Store von Kith, der den Kunden ein ganzheitliches Lifestyle-Erlebnis bieten will: mit einer großen Auswahl an Sneakern und Streetwear, Leckereien und einem Restaurant in einem besonderen Ambiente.

KITH AUF ALLEN EBENEN

Kith landet in Paris. Beheimatet in einem historischen Gebäude im Herzen des Goldenen Dreiecks ist die neue Location, die sich über drei Etagen und 1500 m² erstreckt, der bisher größte Store der Marke. Im Fokus steht ein ganzheitliches Lifestyle-Erlebnis mit Retail, Leckereien und Restaurant. Beim Design seines sechsten Ladens hat das Unternehmen von Sneaker-Guru Ronnie Fieg mit seinem langjährigen Partner, dem Designbüro Snarkitecture, zusammengearbeitet.

Auf der Fläche sind die typischen Store-Elemente von Kith gemischt mit lokalen Einflüssen zu sehen. So säumen die ikonischen Gips-Sneaker in Paris die gewölbte Decke des mit Carrara-Marmor gefliesten Eingangsbereichs. Für jeden neuen Kontinent wählt der US-amerikanische Streetwear- und Sneakerspezialist eine andere Sneaker-Silhouette aus. In Europa wird der Air Max 1 als Hommage an Frankreichs innovatives Pompidou Center gezeigt. Der Eingangsbereich öffnet sich zu einem großen, doppelstöckigen Innenhof, mit einer Accessoires-Lounge und Kith Treats, der Müsli- und Eiscreme-Bar der Marke. Auch hier wurde mit einer Wand aus Müslibehältern im Wohnzimmer-Stil auf die typische Kith-Einrichtung gesetzt. Der glasüberdachte Innenhof ist mit mehrfarbigem Carrara-Marmor gefliest und schließt mit einer Pflanzenwand ab, die sich vom Boden bis zur Decke erstreckt. Diese grüne Wand wurde vom renommierten Botaniker Patrick Blanc entworfen und von der französischen Landschaftsdesignfirma Jardins de Babylone für Kith neu gestaltet. Im Innenhof befindet sich das Restaurant, für das Kith mit dem New Yorker Restaurant Sadelle's der Major Food Group kooperiert. Es ist der erste internationale Außenposten von Sadelle's, das als permanentes Restaurant im Kith Paris residiert. Auf der Speisekarte stehen New Yorker Klassiker und Kaviar-Angebote sowie Eiscremespezialitäten.

Eine restaurierte Treppe aus Carrara-Marmor führt die Kunden vom Erdgeschoss in den ersten Stock, wo sich die Abteilungen für Herren-, Damen- und Kinderbekleidung sowie Schuhe befinden. Den Aufgang krönt ein aus speziellem Harz gegossener Kronleuchter in Form eines Air Max 1. Die Böden der verschiedenen Bereiche variieren in Material und Farbe. Der Menswear-Bereich ist mit Walnussholzvertäfelung und Messingregalen ausgestattet, während der angrenzende Damenbereich mit einer maßgefertigten Treppe aus Walnussholz und Carrara gestaltet ist, die in einen verspiegelten Raum mit mehrfarbigem Fischgrätenmarmorboden führt. In einem Zwischengeschoss mit Blick auf den Innenhof befindet sich die Schuhabteilung. Über das Erdgeschoss gelangen die Kunden in das Untergeschoss, das Raum für wechselnde Aktionen und Ausstellungen bietet und wo künftig die neuesten Releases und Partnerschaften präsentiert werden sollen. Die Neuerung, die zeitgleich mit der Eröffnung des Pariser Stores startete, konnte dort nur schwer gezeigt werden: der neue Kith-Webstore für Europa.

---

49 Rue Pierre Charron, 75008 Paris, Frankreich | ERÖFFNUNG Februar 2021 | GRÖSSE 1500 m² | ARCHITEKTUR Snarkitecture | LADENBAU & LICHT keine Angaben | FOTOS Kith

LUDWIG BECK, MÜNCHEN

Das Münchner Traditionshaus Ludwig Beck hat die Zeit des zweiten Shutdowns genutzt und seine erste Etage komplett erneuert. Das Ergebnis: Eine Womenswear-Abteilung, die ästhetisch den Vergleich mit internationalen Department-Stores nicht scheut.

NEUE BLICKACHSEN

Outside In – hieß die Leitlinie der Hamburger Innenarchitektin Claudia Breil von Breil + Interior Design für die Umgestaltung der Damen-Trendabteilung in der ersten Etage des Münchner Department Stores. Und so griff sie bei der Gestaltung der 1600 m² großen Fläche auf Mustermix, Farben und Formen der denkmalgeschützten, 1956 von Max Lacher entworfenen Fassade des Hauses am Marienplatz zurück. Von den Bodenfliesen bis hin zu den eingefrästen Wandmotiven – das Muster der Außenfassade zieht sich durch die gesamte Abteilung und ist zugleich Leit- und Orientierungssystem für eine subtile Wegeführung durch die verschiedenen Gebäudeabschnitte. Von der Fassade inspirierte Terracotta-Töne schaffen in Kombination mit Weiß, Karamell und mattem Grün einen wertigen Look & Feel, der an das Ambiente internationaler Grandhotels erinnern soll. »The Curve«, die Bogenform, ist ein weiteres wiederkehrendes Motiv – vom Mobiliar über multifunktionale Warenträger, ein Hanging Rail

in Schlangenform bis hin zu verschiedenen Rückwandgestaltungen als eindrucksvolle Eye Catcher, mal als Mutina-Fliesenwände im Wechsel mit lackierten Flächen und einer amorphen Interpretation als Reliefwand. Bodentiefe Fenster im ersten Obergeschoss erwecken den Eindruck über dem Marienplatz zu schweben – auch hier verschmilzt das Außen mit dem Innen. Erstmals wurde die Fensterfront wieder geöffnet und damit der einmalige Blick des Hauses auf den Marienplatz freigegeben.

»The Corner« heißt denn auch das Herzstück der neu gestalteten Abteilung, die das Thema der Piazza aufgreift. Durch aufwendige UV- und Wärmeschutzfolien für innen und außen sowie ein modernes Lichtkonzept werden Kunstlicht und Tageslicht effektvoll inszeniert. Ein filigranes Wand-Modulsystem mit Rundbögen aus Metall in Weiß erinnert an die Arkaden einer venezianischen Piazza und gibt zugleich den Blick auf den Marienplatz frei. Im Innenraum liegt der »Marketplace« – eine flexible Ebene mit abgehängten Multilane-Warenträgern (Visplay). Die von der Decke hängenden Module sind verschiebbar und können so für verschiedene Events auf der Fläche angepasst werden. Highlight ist der Loungebereich mit Blick auf das Münchner Rathaus (Interieur/Mobiliar: Cor, Moroso und Pedrali über Markus Hansen). Rough und authentisch ist die Jeansabteilung gestaltet. Sie wird von einer Reliefwand aus Eschenholzfliesen umrahmt. Das Furnier im Rough Cut hat eine dreidimensional geprägte Oberfläche. Das Reliefbild zeigt den Furnierverlauf analog des Wachstums eines Eschenbaumstammes (Handmade by Lauinger Ladenbau) und setzt die Formensprachen des Bogens »The Curve« fort. Eine raue, offene Struktur soll den Charakter der Abteilung widerspiegeln.

Mit der Rolltreppe gelangen die Besucherinnen und Besucher direkt in den Bereich »First Impression«. Die raumbildenden Elemente sind durch eine filigrane Metallkonstruktion miteinander verbunden. Das Rostbraun des Metalls trifft auf ein nachhaltig produziertes Rattan-Furnier in mattem Grün. Einen interessanten Kontrast bilden neu interpretierte großflächige Lochblechwände in Karamell. Die Markenwelt teilt sich in Contemporary-Brands wie Munthe, Stine Goya, Officine Generale, M Missoni und By Malene Birger im oberen sowie Marken-Shops von Partnern wie Marc O'Polo, S.Oliver, Comma und More & More im unteren Bereich.

Marienplatz 11, 80331 München | ERÖFFNUNG März 2021 | GRÖSSE 1600 m² | ARCHITEKTUR Claudia Breil, Breil+ Interior Design | LADENBAU Lauinger Planung & Projekt | LICHT Ansorg | INTERIEUR Marcus Hansen; Böden: Bolidt; Multilane: Visplay; Eschewand: Lauinger Planung & Projekt; Rattanwand: karuun®, Out for Space; Textile Einbauten: Buchele; Figuren: Hans Boodt | FOTOS: Ludwig Beck

DIE 21 THESEN

01 DIE ZUKUNFT DES HANDELS IST ROSIG, ABER MIT WENIGER HANDEL DARIN.

02 GASTGEBER EINSTELLEN, PRODUKT- UND VERKAUFSKOMPETENZ SCHULEN.

03 MARKEN MÜSSEN IHREN COMMUNITIES ZUHÖREN UND IHNEN EINE STIMME GEBEN.

04 JE KONTAKTLOSER ES WIRD, DESTO MEHR MUSS DER MENSCH INS ZENTRUM RÜCKEN.

05 DIE PANDEMIE HAT DAS UMDENKEN VON KUNDE HIN ZU MITGESTALTER WEITER BEFEUERT.

06 KAUFEN WIRD IMMER UNBEWUSSTER, SHOPPING IMMER BEWUSSTER.

07 INFLUENCER WERDEN DIE NEUEN HÄNDLER, UND SIE KAMEN, UM ZU BLEIBEN.

08 DER HANDEL WIRD TEIL DER UNTERHALTUNGSINDUSTRIE.

09 DIE HAUSTÜRLIEFERUNG WIRD IN ZUKUNFT NICHT MEHR KOSTENFREI SEIN.

10 EINE EXZELLENTE LOGISTIK ZAHLT AUF DIE MARKE EIN.

11 KLEINER, NÄHER, SCHNELLER IST DAS NÄCHSTE GROSSE DING IM HANDEL.

INTERVIEW

»DAS GASTGEBERTUM WIRD ELEMENTAR«

Seit fünf Jahren stellt Martin Cserba von der Digitalagentur Diconium gemeinsam mit dem EHI Retail Institute, Visplay und Commercetools einmal jährlich im Report »New Retail« Thesen zur aktuellen Entwicklung im Handel auf. Im ersten Jahr nach Corona hat sich nicht nur der Namen geändert, sondern das ganze Herangehen. »Wir legen keinen abgeschlossenen Report vor, der dann für das nächste Jahr Gültigkeit hat«, sagt Cserba. »Reframing Retail ist ein wachsendes, offenes System, dessen Ergebnisse wir zu verschiedenen Zeitpunkten vorstellen.« Dabei stellen die Autoren 21 Thesen zur Neuverortung des Handels auf. Mittlerweile ist zudem die dazugehörige Community-Microsite reframing-retail.com online, die die Ergebnisse bündelt, aber auch als Einladung zum Mitdenken und Mitdefinieren verstanden werden soll.

Welche der 21 Thesen ist Ihnen am wichtigsten?
Für mich persönlich ist mit Sicherheit das Gastgebertum ein zentraler Punkt. Tatsächlich erkennen immer mehr, dass es im Handel genau darum geht. Dass es auch wirtschaftlich Sinn ergibt, Nähe zu erzeugen. Gastfreundschaft gepaart mit einer neuen Form von Achtsamkeit würde ich es umschreiben. Dem Kunden auf Augenhöhe zu begegnen und so eine besondere Verbindung herzustellen, das ist das Neue »Der Kunde ist König«. Der Kunde ist ja sowieso immer super informiert, von daher müssen wir es hinbekommen, mit ihm auf einer Ebene zu kommunizieren.

Für den Report haben Sie mit vielen unterschiedlichen Marktteilnehmern gesprochen. Was hat Sie besonders überrascht?
Nachhaltigkeit ist ein Punkt, der in allen Gesprächen durchgedrückt hat. Wahrscheinlich müssen wir uns über eine neue Definition der Profitabilität Gedanken machen. Wir alle und eben auch der Handel müssen ja schauen, wie sägen wir uns nicht selbst den Ast ab, auf dem wir sitzen. Das gilt auch hier bei Diconium, da stellen wir uns auch die Frage, was könnte unser Beitrag als Digitalunternehmen zu mehr Nachhaltigkeit sein? Wie kann Digitalisierung helfen, Geschäftsmodelle nachhaltiger zu gestalten und betreiben? Wie muss die Digitalisierung selbst nachhaltiger werden? Da sind wir dann bei green coding, green hosting und nachhaltigerer Software, die bisher fast nicht existent ist. Diese Entwicklung und Anforderungen laufen natürlich auch in den Handel und E-Commerce ein, da maximale Convenience bei gleichzeitiger Reduzierung des CO_2-Fußabdrucks quasi eins geworden sind.

Welche Rolle spielt Digitalisierung generell im Handel der Zukunft?
Die Nutzung von Daten muss so selbstverständlich sein wie Elektrizität. Es gibt da bisher aber bei den Akteuren zu wenig Wissen und leider auch kaum Orte, wo man es lernen kann. Beim Thema Digitalisierung gab es in unseren Gesprächen auch die radikalsten Aussagen. Nehmen Sie etwa den »digital only«-Ansatz. Was würde das für den Handel bedeuten, wenn man konsequent alles vom Digitalen her denkt? Dann könnte man behaupten, dass der stationäre Handel eigentlich nur noch dann relevant ist, wenn es einen »digitalen Hick-up«, eine kurzfristige Störung entlang der digitalen Customer Journey, gibt. Wie und wo in der Customer Journey kann der stationäre Handel noch punkten? Diese Frage ist superspannend.

Hilft der Corona-Schock, den der Handel bekommen hat, bei dieser Entwicklung?
Ich glaube schon, dass der Schock dabei geholfen hat, dass wir alle und auch der Handel viele neue Wege schneller als sonst adaptiert haben. Der Konsument ist den Unternehmen sowieso

12 DAS FLACHE DISPLAY HAT UNS DIE FLEXIBILITÄT DES RAUMES VERGESSEN LASSEN.

13 FREQUENZ IST DIE NEUE UMSATZMIETE.

14 EINE NEUE MOBILITÄT DARF DEN HANDEL NICHT VERGESSEN.

15 EINE INNENSTADT OHNE HANDEL IST WIE … POMMES OHNE MAYO.

16 NEUE NUTZUNGSARTEN KÖNNEN DIE AKTUELLEN SPITZENMIETEN NICHT ZAHLEN.

17 DER HANDEL SCHAFFT DIGITALISIERUNG AUS EIGENER KRAFT NICHT.

18 DIE NUTZUNG VON DATA ANALYTICS SOLLTE SO SELBSTVERSTÄNDLICH GENUTZT WERDEN WIE ELEKTRIZITÄT.

19 MAXIMALE CONVENIENCE BEI GLEICHZEITIGER REDUZIERUNG DES CO_2-FUSSABDRUCKS SIND EINS.

20 NACHHALTIG IST DAS NEUE PROFITABEL.

21 E-COMMERCE WIRD AUF DEN ÖKOLOGISCHEN PRÜFSTAND GESTELLT.

immer voraus. Der Konsument schnappt eine neue Technologie auf und dann viel, viel später folgen die Unternehmen und bauen ihr Angebot dementsprechend aus. Dieser Gap wird jetzt schneller geschlossen, Unternehmen und Händler passen sich schneller an. Da haben wir Dampf auf den Kessel bekommen. Es geht nicht mehr ums ob, sondern nur noch ums wie und wie schnell.

Ausreichend?

Schon vor Corona gab es zwei Ligen von Unternehmen. Die, die gemacht haben, die sogenannten »Do'ers« und die, die erst einmal beobachtet und dann nachgefolgt sind, die sogenannten »Observers«. Die Observers sind in der jetzigen Situation einfach zu spät dran und haben größere Probleme.

Aber wird sich das nicht ändern, wenn wieder etwas mehr Normalität herrscht?

Auf die alte Normalität zu hoffen, ist gefährlich. Die Digitalisierung rennt einfach weiter. Und durch Corona sind ja auch etwa viele neue tolle Services entstanden, auf die die Menschen nicht mehr verzichten wollen. Etwa der rasante Anstieg an Delivery- oder -BOPanywhere-Optionen »buy online, pick-up anywhere«, was weit über ein pick-up auf eigener Fläche in irgendeiner dunklen Ecke hinaus geht. Service Retail wird endlich mit Customer Experience gekreuzt. Oder eben auch online einen Shopping-Termin im Handel zu vereinbaren, um mehr Zeit und Achtsamkeit des Personals zu erfahren. Der Handel muss mit Daten und mit digitalem Werkzeug umgehen können. Wem das schwerfällt, der muss sich Menschen suchen, die diese Skills mitbringen. Diese Vielfalt an Menschen, die im Handel arbeitet, war schon immer wichtig, jetzt ist sie elementar, um bestehen zu können.

Es gibt so viele Chancen, aber dafür sind auch die richtigen Köpfe wichtig. Denn bei Digitalisierung im Handel geht es nicht um Displays auf der Fläche, die Werbekampagnen ausspielen, sondern um den Austausch und Nutzung von Online-Wissen auf der Fläche.

Was bedeutet das für die Arbeit auf der Fläche?

Der Handel sollte gefühlvoller werden. Damit meine ich jetzt nicht Events oder so, sondern eine Grundeinstellung den Kunden gegenüber. Der Handel muss gegenüber seinen Kunden achtsamer werden, die Menschen auf der Fläche müssen Strömungen wahrnehmen. Wie ein Gastgeber oder eine Gastgeberin müssen sie erkennen, ob sich die Besucher wohlfühlen oder nicht. Wenn nicht, was ihnen fehlt und wie man ihnen den Aufenthalt angenehmer und »erinnernswerter« machen kann. Das flache Display hat uns die Flexibilität des Raums und »das Gegenüber« vergessen lassen.

Das kostet Zeit und erfordert Fingerspitzengefühl.

Natürlich. Der Handel muss sich überlegen, wie er den Verkäuferinnen und Verkäufern die Zeit dafür verschaffen kann, zum Beispiel auch durch die Nutzung von Technologien. Im Handel gibt es Grundprobleme der Verzielung, d. h. der Verkäufer soll sich inhaltlich um das eine kümmern, also etwa das Wohlergehen der Käufer, die Ziele, die vereinbart wurden, sind aber ganz anderes. Etwa die Zahl der verkauften Teile oder die Höhe der Bons. Es wird Zeit, dass wir ganz neue KPIs definieren. Was für ein Fortschritt würde entstehen, wenn neue KPIs zwischen Gebäude, Investor, Marke, Händler verhandelt werden würden? Wenn wir uns von Frequenz oder m²-Umsätzen trennen würden? Es ist enorm wertvoll, wenn wir unserem Personal ermöglichen, Zeit zu schenken. Hier muss ein Umdenken stattfinden. Der Kauf kommt ja meist sowieso irgendwann, aber wo der erfolgt, lässt sich immer schwerer absehen. Anders gesagt wird Kaufen immer unbewusster, wird Shopping immer bewusster.

Der Rahmen bzw. Kontext für den Handel hat sich also verändert. Deswegen auch der neue Name für den Report?

Ja, »New« macht gar keinen Sinn mehr. Es hilft uns einfach, uns schneller anzupassen, wenn wir uns in verschiedene Perspektiven begeben, den Rahmen umhängen. Handel in andere Kontexte zu hängen. Eben ein »Reframing« vornehmen. Ein bekanntes Beispiel ist etwa die kindliche Zeichnung einer Ente: Dreht man das Bild um 90 Grad, sieht man auf einmal einen Hasen. Den Rahmen zu verändern, beeinflusst die Wahrnehmung. Dieses Mindset sollten viele Retailer lernen.

Inwiefern war die Arbeit an diesem Report anders als an den vorhergegangenen?

Den Auftakt machten ganz klassisch NRF und die CES in Las Vegas. Auch wenn wir die anders als sonst virtuell besucht haben und unsere Retail Safari in New York nicht machen konnten. Wir haben uns die Nächte um die Ohren geschlagen, um Informationen und Menschen zu finden, die in Verantwortung stehen, die Zukunft des Handels neu oder anders zu gestalten. Im 2. Quartal 2021 habe ich dann angefangen, wieder rauszugehen, habe Städte und Räume besucht, im Rahmen der Möglichkeiten, die man hatte. Aber natürlich lief die Recherche diesmal sehr viel digitaler ab als sonst. Vor allem auf globaler Ebene war Reisen ja so gut wie nicht möglich. Gerade war ich in Istanbul und Kopenhagen, um auch dort wieder nach Neuem Ausschau zu halten. Da habe ich nochmal deutlich gemerkt, wie gut es ist rauszukommen, sozusagen an der frischen Luft zu sein, andere Geräusche zu hören, andere Gerüche zu riechen. Die Gedanken laufen einfach besser. Und Zufallsbegegnungen zu haben. Wenn mich die Pandemie eins gelehrt hat, ist es, dass wenn ich irgendwo hinfahre, ich immer extra Zeit für Zufälle bewusst einbaue. Und aus Zufällen entstehen oft die spannendsten Dinge, aber nur, wenn man sich dafür Zeit nimmt und keine Ausreden erfindet sie nicht zuzulassen.

Warum diesmal ein offenes Konzept?

Weil wir das Reframing des Handels nur gemeinsam bewerkstelligen können. Wir sehen unsere Rolle darin, Meinungen und Beobachtungen zu sammeln, dieses Wissen zu kreuzen und so gemeinsam eine Idee der Zukunft des Handels zu entwickeln und die Leute zusammenzubringen. Die Offenheit der Marktteilnehmer für Innovationen ist derzeit unglaublich groß. Und wir hören nicht auf mit Menschen rund um den Globus zu reden, Neues zu lernen und dieses Wissen wieder zu teilen.

BROWNS BROOK STREET, LONDON

Das Debüt von Browns Brook Street war bereits zum 50-jährigen Firmenjubiläum 2020 geplant. Dann kam die Pandemie dazwischen. Nach dem dritten Corona-Lockdown öffnete der ultimative britische Multibrand-Store nun im April 2021 seine Türen im Herzen des noblen Londoner Stadtteils Mayfair.

FARFETCHS VISION VOM LUXUS-STORE

Der Londoner Luxus-Modehändler, der 1970 von Joan Burstein gegründet und von ihrer Familie bis zur Übernahme durch die Online-Plattform Farfetch 2015 geführt wurde, verbindet am neuen Standort nahtlos Vergangenheit und Zukunft. In dem denkmalgeschützten Gebäude voller Charakter und Charme wird in eine kuratierte Welt der Mode, des edlen Schmucks, der Speisen und der Kultur eingeladen. Mit dem Umzug vom Standort South Molton Street in die nur wenige hundert Meter entfernte Brook Street/Ecke Avery Row rückt Browns näher an Londons Bond Street, dem Inbegriff von Luxus-Retail schlechthin. In unmittelbarer Nachbarschaft des eleganten Hotels

Claridges kann Browns auf mehr Frequenz und mehr wohlhabende Shopper hoffen.

»Das ist ein spannender Meilenstein für Browns und für die Farfetch-Vision von Luxury New Retail, die wir für die Zukunft des Einzelhandels halten«, sagt José Neves, Gründer, Co-Chairman und CEO von Farfetch. »Unsere Farfetch Platform Solutions und Store of the Future Teams haben mit Browns zusammengearbeitet, um die State-of-the-Art Omnichannel Retail Technologien in den Store zu bringen. Die sich ändernden Bedürfnisse der Luxus-Kunden sollen sowohl online als auch auf dieser unglaublichen physischen Fläche bedient werden«. Seit Farfetch das Modehaus übernommen hat, wurde mit Browns East ein neuer Standort im Londoner East End eröffnet, wo bereits neue Technologien getestet wurden.

Der neue Store in dem behutsam restaurierten Gebäude aus dem Jahr 1720 hat eine Fläche von 850 m² auf vier Etagen, einschließlich eines einladenden Innenhofes und eines Restaurants. Gestaltet wurde das Flagship vom Mailänder Architektur- und Designstudio Dimorestudio, das die historischen Aspekte des Gebäudes einbezog und dabei viel seiner ursprünglichen Pracht erhielt. Einige Bereiche blieben komplett unberührt, sodass sich alte Dekadenz mit zeitgenössischen Elementen mischt. »Wir haben eine Fläche kreiert, auf der essenzielle und klare Linienführung nebeneinanderstehen«, so die Dimorestudio-Gründer Britt Moran und Emiliano Salci. »Die metallischen Hängestrukturen in Stahl und Eisen reflektieren auf den schwarzen Bodenfliesen. Die kundenspezifisch entworfenen und handgefertigten Tapeten mit verblassten floralen viktorianischen Mustern kontrastieren mit den grundlegenden Strukturen der Einrichtung und des Lichtes, wie die Neon-Lampen von Eileen Gray, die Elettra Stühle von Arflex und die Gino Sarfatti-Lampen. Es sollte ein zeitgenössisches, unfertiges und leicht minimalistisches Gefühl entstehen.«

So treffen originale Elemente auf unerwartete Modernität. Die zentrale Treppe mit ihrem atemberaubenden Atrium wurde mit den Räumen verbunden, um üppige und geschichtete Flächen zu kreieren, die mit eigens entworfenen Einbauten ausgestattet sind. Farblich spannt sich der Bogen vom Gold des bemalten Geländers über Farbtupfen auf den Holzstufen bis hin zu Silber auf Stahl und Schwarz auf lackierten Eisenstrukturen. »Der neue Store soll sowohl Kunden inspirieren als auch den fundamentalen Wandel zeigen, wie Leute heute einkaufen«, sagt Holly Rogers, Chair von Browns und Chief Brand Officer von Farfetch. »Wir haben ein einmaliges Angebot mit unserem ‚Store for One'-Konzept kreiert, indem der Kunde sich für seine eigene Tour durch den Store entscheiden und den Kontakt durch Nutzung von Technologie minimieren kann«. Für Rogers, unter deren Regie Browns nach dem Einstieg von Farfetch einem Rebranding unterzogen wurde und die federführend bei der Entwicklung des neuen Flagships war, steht der Kunde im Mittelpunkt des Tuns und Handelns. »Die Kunden können zum Stöbern in den Store kommen und haben die Möglichkeit, später online zu kaufen, sodass der Store nur ein Teil der Shopping-Tour ist«, so Rogers. Es müsse gezeigt werden, wer man als Marke sei und wofür man stehe. »Man muss dem Kunden ein Gefühl geben. Für uns kommt es beim Store darauf an, eine Fläche zu kreieren, die wirklich sensorisch ist, das lässt sich nämlich nicht immer online replizieren«.

---

39 Brook Street, London W1K 4JE, Großbritannien | ERÖFFNUNG April 2021 | GRÖSSE 850 m² | ARCHITEKTUR Dimorestudio and Red Deer | LADENBAU Dimorestudio and Red Deer (in partnership with Browns) | LICHT Dimorestudio and Red Deer | FOTOS Bozho Gagovski

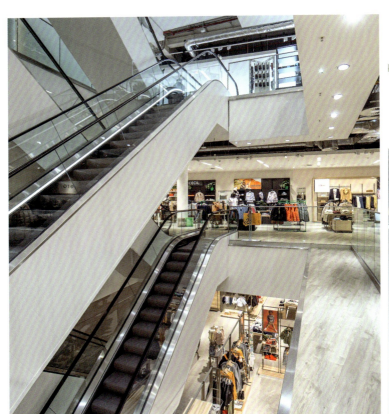

GALERIA, FRANKFURT AM MAIN

Einen Neustart gleich auf mehreren Ebenen hat Galeria Karstadt Kaufhof Ende Oktober 2021 gewagt. Der Name wurde zu Galeria verkürzt, ein neues Logo eingeführt und drei Filialen in ganz neuem Look eröffnet. Die Häuser in Frankfurt, Kassel und Kleve sollen dabei als Blaupause für weitere Umgestaltungen dienen.

GRÖSSER, HELLER, STRUKTURIERTER

»Mehr Fläche, mehr Licht, mehr Offenheit«, so beschreibt Frank Bertsch, Chef des Galeria-Hauses in Frankfurt am Main das Konzept für die Neugestaltung des traditionsreichen Standortes. Mitten in der Innenstadt, an der Hauptwache gelegen, gehört das Haus zu den sogenannten Weltstadthäusern des Konzerns. Insgesamt unterscheidet der zur österreichischen Signa-Gruppe gehörende Warenhauskonzern zwischen drei Hauskategorien. Neben den Weltstadthäusern, von denen es 10 bis 14 geben soll, sind das die Magneten mit regionalem Bezug wie in Kassel und die sogenannten lokalen Foren, die wohl den größten Anteil im Filialportfolio mit 131 Häusern ausmachen sollen. Sie setzen auf ein Nachbarschaftskonzept mit einem großen Anteil regionaler Anbieter. Blaupause hierfür ist das Haus im niederrheinischen Kleve, das zeitgleich mit Kassel und Frankfurt die Wiedereröffnung im neuen Gewand feierte.

Das Haus in der Mainmetropole sticht dabei schon allein wegen seiner schieren Größe heraus. Durch die Hinzunahme der ehemaligen Zeil-Galerie vergrößerte sich die Verkaufsfläche um rund ein Drittel auf insgesamt 30.000 m², die sich auf zehn Etagen verteilen. Die Vergrößerung der Verkaufsfläche nutzte das Unternehmen für eine großzügigere und neue Gestaltung. Rund 800 Euro pro m² flossen in die Neugestaltung.

Breite Übergänge verbinden den alten und den neuen Gebäudeteil. Dort haben Figurengruppen Platz gefunden, die wie auf einem Laufsteg aktuelle Trends und Looks in Szene setzen. Der Eindruck eines Laufstegs wird durch den Einsatz beleuchteter, mannshoher Rahmen noch unterstützt. Insgesamt wird beim Beleuchtungskonzept viel Wert auf Akzentbeleuchtung gesetzt. Hinterleuchtete Deckensegel, einzelne Strahler und die beleuchteten Rahmen lenken den Blick der Besucher und unterstützen so auch bei der Orientierung auf der Fläche. Diese wird zudem durch eine klare Gestaltung des Bodens gefördert. Holz- und schlichte Betonoptik wechseln sich ab und geben so klare Wege über die Fläche vor. Insgesamt dominieren Beige- und Grautöne. In Kombination mit den zumeist schlichten Warenträgern in Schwarz und Metalltönen entsteht so eine großzügige und aufgeräumte Bühne für die Inszenierung der Ware. Einzelne Markenshops fügen sich stimmig ein.

Im Kontrast zu dieser Schlichtheit sind die Flächen mit den Sitzgelegenheiten gestaltet. Mit Samt bezogene Sofas und Sessel laden an verschiedenen Stellen im Haus zu einer Shoppingpause ein. Und belohnen oft mit spektakulären Aussichten. So lässt sich gemütlich vom Sofa aus ein Blick auf die belebte Hauptwache werfen. Ganz oben, in der siebten Etage, spielt Galeria dann seine Lage im Herzen der Stadt voll aus. Mit direktem Zugang zum Restaurant wurde dort die sogenannte Skylounge eingerichtet. Von der begrünten Dachterrasse aus, können sich die Besucher den Wolkenkratzern der Mainmetropole ganz nah fühlen. Perfektes Setting für einen Instagram-Post, weswegen die Terrasse mit dem Namen #GaleriaSkylounge gleich einen eigenen Hashtag hat.

Zeil, An der Hauptwache 116-126, 60313 Frankfurt am Main | ERÖFFNUNG Oktober 2021 | GRÖSSE 30.000 m², zehn Etagen | ARCHITEKTUR primär Eigenleistung von Galeria | LADENBAU Gestaltung und Konzepte von Galeria – die operative Planung wurde mit dem Büro plancut gemacht. Als Ladenbauer sind diverse Firmen (Möbel & Raum, Seibel & Weiher, Trend Interior, LES, Körling, Deinzer) zum Einsatz gekommen. | LICHT Lichtplanung Peter Vorberg | FOTOS Eujiae Kim

LOEB, THUN

Nachdem 2020 mit der Dämmung des Dachs, einer neuen Haustechnik und der Erneuerung der Fassade bei Loeb in Thun vor allem in das Gebäude an sich investiert wurde, startete Anfang 2021 die Neugestaltung der Verkaufsflächen. Dabei wurde in besonderer Weise der Lage der Filiale des Warenhauskonzerns Rechnung getragen.

VON AUSSEN NACH INNEN

Bälliz 39, 3600 Thun. So lautet die Adresse des Thuner Hauses des Warenhauskonzerns Loeb. Bälliz heißt der Stadtteil am südwestlichen Rand der Altstadt von Thun im Kanton Bern. Das Besondere dabei: Bälliz ist eine langgestreckte Insel zwischen Innerer und Äußerer Aare. Bereits 1912 eröffnete Loeb in Thun ein Haus. Heute verfügt das Unternehmen über 2700 m² Verkaufsfläche an dem Standort. Neben Damen- und Herrenmode führt Loeb hier Accessoires, Parfüm, ein Haushalts- und Heimtextilsortiment. Die Untermieter Ochsner Sport, Alja Stoff & Mercerie und Helen Kirchhofer mit Uhren & Schmuck runden das Angebot noch ab. Auch sie blieben bei der im September 2021 abgeschlossenen Umwandlung des Hauses nicht außen vor.

In rund anderthalb Jahren Bauzeit wurde das Kaufhaus buchstäblich komplett auf den Kopf gestellt. Dabei ging Loeb von außen nach innen vor. Startpunkt war im Frühjahr 2020 die Erneuerung der Gebäudetechnik, dabei wurde die Lüftungsanlage den neuen Standards der Energieeffizienz angepasst. Es folgte die Erneuerung und Dämmung des Daches. Am augenfälligsten war in der ersten Baurunde die Öffnung und Auffrischung der Fassade: Die Eingangsfront wurde so erneuert, dass der Blick ins Innere des Hauses jetzt frei ist.

Anfang 2021 startete dann die zweite Bauphase, auch hier war es dem Unternehmen besonders wichtig, möglichst mit regionalen Anbietern zusammenzuarbeiten. Innerhalb von neun Monaten wurde auf allen Etagen neuer Parkettboden verlegt, die Beleuchtung wurde auf LED umgestellt, Warenträger wurden modernisiert und erneuert. Sortimente und Flächenstrukturen neugestaltet. Das Farbspiel aus dem honigfarbenen Parkettboden, den dunkelgrauen Warenträgern und der dunkelgrau gestrichenen Decke, die immer wieder von weißen Deckeninseln durchbrochen wird, geben den Sortimenten eine hochwertige Bühne. Auch die Mieter passten ihre Flächen der neuen Gestaltung an. So entstand ein stimmiges neues Kaufhausbild, bei dem der Fokus vor allem auf Transparenz liegt. Besonders offensichtlich wird das in der Aare-Lounge im 1. Obergeschoss: Hier geben große, bodentiefe Fenster den Blick nach außen frei. Auf die vorbeifließende Aare und das Thuner Schloss.

Bälliz 39, 3600 Thun, Schweiz | ERÖFFNUNG September 2021 | GRÖSSE 2700 m², zwei Etagen | ARCHITEKTUR VM Pianezzi Ladenbau GmbH/Rita Szabo Innenarchitektur/Lars Jöge Leiter VM und Store Design, Loeb AG | LADENBAU & LICHT Dula-Werke Dustmann & Co. GmbH | FOTOS Loeb AG

ANN DEMEULEMEESTER, ANTWERPEN

Ein Laden wie eine Schwarz/Weiß-Fotografie. Das umgebaute Flaggschiff der belgischen Designerin Ann Demeulemeester, die als Teil der legendären Antwerp Six bekannt wurde, soll vor allem eins: Ruhe ausstrahlen.

ANTWERP NEW

Die Mode von Ann Demeulemeester ist schwarz. Zumindest größtenteils. Das gilt auch nach der Übernahme der belgischen Modemarke durch den italienischen Luxus-Modehändler Claudio Antonioli im September 2020. Ein Jahr später wurde der Flagship-Store in Demeulemeesters Heimatstadt Antwerpen von Grund auf renoviert. Und auch er wirkt fast wie eine Schwarz/Weiß-Fotografie, die die androgyne, dekonstruierte Mode perfekt in Szene setzt.

Das Geschäft am Leopald de Waelplaats im trendigen Viertel Zuid gibt es bereits seit mehr als 20 Jahren. Eröffnet wurde es 1999 von Demeulemeester und ihrem Ehemann und Geschäftspartner Patrick Robyn. Ann Demeulemeester, die in den 1980er Jahren unter anderem als Teil der Antwerp Six mit Walter Van Beirendonck, Dries Van Noten, Dirk Van Saene, Dirk Bikkembergs und Marina Yee bekannt wurde, hat sich bereits 2013 aus ihrem gleichnamigen Unternehmen

zurückgezogen. Die Geschäfte wurden dann von ihrer Geschäftspartnerin Anne Chapelle weitergeführt, bevor Claudio Antonioli, von Demeulemeester als einer ihrer Weggefährten bezeichnet, im September 2020 das Archiv, das Hauptquartier und den Flagship-Store in Antwerpen sowie den Showroom in Paris übernahm.

Die Renovierung des 520 m² großen Flaggschiffs in einem repräsentativen Beaux-Arts-Gebäude aus den 1880er Jahren, das einst eine Schule für Seeleute beherbergte, soll jetzt ein erster Meilenstein sein. Zurück sind dabei auch Ann Demeulemeester selbst, die dem Unternehmen künftig bei ausgewählten Projekten als Beraterin zur Seite steht, und ihr Ehemann Patrick Robyn, der maßgeblich an der Neukonzeption des Flagships beteiligt war. »Was erwarten wir heute von einem Geschäft, wenn Mode überall ist und man alles online kaufen kann?«, sei eine der Kernfragen gewesen, die er sich dabei gestellt hat. Ruhe, Entspannung, Gelassenheit sind wohl die wichtigsten Begriffe, die der Kunde mit dem Store assoziieren soll. Dazu gehört ein ausgeklügeltes neues LED-Lichtsystem, digital gesteuert und energieeffizient. Es soll die Demeulemeester-Kollektionen, die weniger von Farbe als von Silhouetten und Texturen leben, in ein weiches und dennoch klares Licht tauchen

Der Holzboden wurde restauriert und schwarz gestrichen, genau wie die Decken.

Die Fenster im Erdgeschoss sind mit schwarzen raumhohen Vorhängen verkleidet. Beim Betreten werden die Besucher von einer imposanten sechs Meter langen Glasvitrine empfangen, in der die Accessoires und die Demeulemeester Tableware-Kollektion für das ebenfalls in Antwerpen beheimatete Design-Unternehmen Serax gezeigt werden. Vier Meter lange maßgefertigte weiße Sofas mit breiten Kissen und schwarzen Fransen laden zum Ausruhen ein.

Und noch einem weiteren Wohlfühlfaktor hat Robyn, der alle Möbel für die beiden Verkaufsebenen entworfen hat, beim Umbau große Aufmerksamkeit geschenkt: den Umkleidekabinen. Sie sind groß und einladend mit großen Spiegeln und Flügeltüren, die sich zu einem begrünten Innenhof hin öffnen. »Eine Oase der Ruhe und Privatsphäre«, die die Kunden dazu ermutigen soll, die Kleidung in aller Ruhe nicht nur an-, sondern auch auszuprobieren. Weitere gestalterische Highlights sind die elf Meter lange Kleiderstange und große, kreisförmige Schuh-Displays auf der ersten Etage des Stores. Bei der Präsentation der Mode wird übrigens nicht mehr zwischen Damen- und Herrenbekleidung unterschieden. Die Firmengründerin selbst ist mit dem Ergebnis der Renovierung offenbar zufrieden. »Der erneuerte Flagship-Store feiert die Wiedergeburt der Marke unter Claudios Fittichen«, sagt sie anlässlich der Wiedereröffnung.

Leopold de Waelplaats, 2000 Antwerpen, Belgien | ERÖFFNUNG September 2021 | GRÖSSE 520 m² | ARCHITEKTUR Patrick Robyn | LADENBAU & LICHT keine Angaben | FOTOS Victor Robyn

FENDI, NEW YORK

Die italienische Luxus-Brand Fendi hat ein neues Zuhause in New York City. Der rund 640 m² große Flagship-Store hat im Fuller Building, Ecke 57. Straße/Madison Avenue in Manhattan eröffnet. Dort, wo einst Kunstgalerien beheimatet waren, treffen die New Yorker nun auf italienischen Luxus, gepaart mit Handwerkskunst.

NEUE BUBBLE IN MANHATTAN

Das Gebäude, in dem sich der zweigeschossige Store befindet, wurde in den 1920er Jahren im Art déco-Stil erbaut. Benannt ist es nach seinem ersten Besitzer und Bewohner, der Fuller Construction Company, die damals aus dem noch deutlich berühmteren Flatiron-Building dorthin zog. Die unteren Etagen des imposanten 40-stöckigen Gebäudes waren ursprünglich dafür konzipiert, Kunstgalerien zu beherbergen.

Entwickelt wurde das Design des Ladens vom Fendi Inhouse-Team in Kooperation mit Kim Jones und Silvia Venturini Fendi. Es greift die Heritage des denkmalgeschützten Gebäudes auf und will die Idee der Galerie in eine zeitgemäße Vision übersetzen. Ein schon von außen sichtbares Highlight sind die sechs transparenten LED-Vorhänge, die sich über drei Etagen spannen und Bilder von Fendis Headquarter in Rom, dem Palazzo della Civiltà Italiana, zeigen. Beim Betreten des Gebäudes folgt sofort der nächste Eyecatcher: eine riesige Glaskugel, die von unzähligen kreisförmigen Deckenleuchten flankiert wird. Über einen schwebenden, verspiegelten Gang ist sie für die Kunden von der zweiten Etage aus zugänglich.

Das Interieur lebt von Gegensätzen und Materialien, die auf Fendis Geschichte und die italienischen Wurzeln anspielen. Industriell anmutende Zement-Säulen werden mit Elementen aus Marmor und Messing und plüschigem Teppich kombiniert. Arabescato-Vagli-Marmor zitiert die Architektur römischer Kirchen und schafft eine besonders luxuriöse Atmosphäre. Eine imposante Marmortreppe ist es dann auch, über die die Kundschaft die zweite Etage erreicht, wo die Womenswear angeboten wird. Dort herrschen sanfte Farben von Elfenbein- bis zu Naturtönen vor, akzentuiert werden sie mit warmen Goldtönen.

Schiebetüren aus Messing geben den Blick frei auf den VIP-Raum, der mit seinen elfenbeinfarbenen Mohairwänden und rosa Teppichböden ein Kokongefühl vermitteln soll. Angrenzend befindet sich die Menswear, die mit Holzakzenten und Ledersofas auf maskuline Design-Elemente setzt. Die Atmosphäre des diskreten Luxus zieht sich bis zu den Umkleidekabinen durch. Dort gibt es Fellbänke, Metalldecken und Marmor in den Farbtönen Pink, Juliet Crystal, Green Patagonia und Alaska White.

595 Madison Avenue, Ecke 57. Straße, 10022 New York, USA | ERÖFFNUNG Juli 2021 | GRÖSSE 640 m² | ARCHITEKTUR Inhouse in Kooperation mit Kim Jones und Silvia Venturini Fendi | LADENBAU & LICHT keine Angaben | FOTOS Fendi

FEUCHT UND SPORTLER, INNSBRUCK

11.000 m² Verkaufsfläche sind ein Statement. Dieses setzen die beiden Familienunternehmen Mode von Feucht und Sportler in Innsbruck, wo sie gemeinsam eines der größten Mode-, Sport- und Lifestyle-Häuser Österreichs eröffnet haben.

STATEMENT-STORE

»Dieses Haus war genau das, was wir uns immer vorgestellt haben.« Für die Familie Feucht war die Sache im Prinzip recht schnell klar, erzählt Leopold Feucht. Gemeinsam mit seinen Brüdern Christoph und Wolfgang führt er das Tiroler Familienunternehmen Mode von Feucht, das mit 20 Filialen in der Region vertreten ist. Schon länger suchten Feuchts einen Standort für einen Flagship-Store. Sie fanden ein leerstehendes früheres Möbelhaus im Innsbrucker Osten. »Es war nur ein paar Quadratmeter zu groß.« Für das geplante Projekt brauchte die Familie also einen Partner. »Da wir mit der Familie Oberrauch schon lange befreundet sind, lag ein Anruf nahe.« Die Sporthändler-Familie betreibt knapp 30 Sportler-Filialen in Österreich und Italien. Im April 2021 kam eine neue dazu. Fast 11.000 m² Verkaufsfläche teilen sich Mode und Sport seither.

Die Feucht-Filiale erstreckt sich über das Erdgeschoss und die erste Etage. Mit 6500 m² ist der neue Laden der mit Abstand größte des Tiroler Modehändlers. Die Herrenmodeabteilung belegt das Erdgeschoss, in der ersten Etage befinden sich die Damen- und die Kindermodeabteilung. Verbunden

werden die einzelnen Geschosse über einen großen Luftraum, der Einblick in alle Etagen gewährt, die Balkone erinnern an Aussichtsplattformen. Entlang des Aufzugs erstreckt sich ein 15 Meter hoher LED-Screen. Großflächige Screens leiten die Besucher auch in den einzelnen Abteilungen.

Beim Innenausbau des Gebäudes – eine frühere Filiale des Möbelhändlers Leiner und bekannt als »Grüner Diamant« – stand eine möglichst nachhaltige Bauweise und die Ausführung durch regionale Spezialisten im Vordergrund. Sowohl bei den Mittelmöbeln als auch bei den Polsterstoffen kommen recycelte Materialen zum Einsatz.

Beim Design der Sportler-Flächen achteten die Macher vor allem auf eine flexible, saisonabhängige Inszenierung der Ware: Mobile Wände, Kleiderstangen und Regale können über die Deckenschiene neu arrangiert werden. Als Vorhang dienen Kletterseile, Paletten lassen sich zur Warenpräsentation flexibel stapeln.

Alle Produkte können direkt getestet werden: die Bikes auf der Bikestrecke, die Kletterschuhe an einer Kletterwand, selbst Rucksäcke und Ski können auf Herz und Nieren geprüft werden. Ein Highlight ist der Trailrunning-Bereich mit Halfpipe. Die erste Station bei Sportler ist allerdings das sogenannte Sportlab: Hier können die Kunden von Kopf bis Fuß vermessen werden, sodass in den jeweiligen Abteilungen die Produkte direkt in der richtigen Größe bereitgestellt werden können. Ein umfangreiches gastronomisches Angebot rundet das Einkaufserlebnis ab: Im Erdgeschoss gibt es eine Kaffeebar, ein Frühstücks-Café im ersten Obergeschoss und ein Restaurant im zweiten Obergeschoss.

Grabenweg 60, 6020 Innsbruck, Österreich | ERÖFFNUNG April 2021 | GRÖSSE 6500 m² (von Feucht)/ 4000 m² (Sportler) | ARCHITEKTUR Blocher Partners (von Feucht und Sportler) | LADENBAU Schlegel (von Feucht)/Kraiss (Sportler) | LICHT Hailight Lichtplanung/XAL (von Feucht)/Arclite (Sportler) | FOTOS Joachim Grothus für Blocher Partners

FC BAYERN WORLD, MÜNCHEN

Mit diesem Store hebt der FC Bayern das Business mit Trikots, Schals und Tassen auf ein neues Level: 1000 m² Retail-Fläche sind Teil der FC Bayern World im Zentrum Münchens, zu der außerdem ein Boutique-Hotel und zwei Restaurants gehören.

DIGITALES SHOPPING-SPIELFELD

Gleich am Eingang wird klar, wer die Zielgruppe des neuen Stores des FC Bayern München im Herzen der bayerischen Landeshauptstadt ist. Empfangen werden die Kundinnen und Kunden mit den Worten »Für die besten Fans der Welt«, eingebrannt in die Bodenmatte. Den Fans wird viel geboten. Der Store erstreckt sich über drei Etagen, Highlight ist eine riesige LED-Wall an der Unterseite der zentralen Treppe.

Entworfen und umgesetzt wurde der Laden von Umdasch The Store Makers, die bei der Gestaltung bewusst auf Kontraste setzen. »Die Fassade, die angelehnt an das ursprüngliche Gebäude im Sgraffito-Stil gestaltet wurde, trifft im Inneren auf bedruckte Betonwände«, erklärt Maik Drewitz von Umdasch. »Im zentralen Treppenraum bilden warmes Eichenholz und roher Schwarzstahl einen kontrastreichen Spannungsbogen.« Für die Auswahl der Materialien habe man bewusst auf regionale Lieferanten gesetzt: Die beleuchteten Glaswände stammen aus einer bayerischen Manufaktur, der Bodenbelag aus Münchener Kieselsteinen. Mit Mirror-Screens in den Umkleiden, diversen Selfie-Points und Transparent Screens für die Pokalpräsentation sowie Projection Mapping in der Kassenzone bietet der Store mehr als 20 digitale Touch Points.

Im Untergeschoss gibt es Ausstattung für all jene, die beim Fußball nicht nur zuschauen: Trikots, Trainingsbekleidung und natürlich Fußballschuhe. Trikots, Schuhe und Bälle können nach individuellen Vorstellungen der Kunden personalisiert werden. In digitalen Vitrinen werden hier die Vereinspokale präsentiert und auch der FC Bayern E-Sports Mannschaft ist auf dieser Etage ein eigener Bereich gewidmet.

Den klassischen Fan-Shop findet man im Obergeschoss. Neben typischen Merchandising-Artikeln wie Tassen und Schals gibt es hier auch exklusive Produkte für Bayern-Fans. Vor allem für die ganz Großen: Sie können sich auf einer speziellen Audi-Fläche am großen Touch-Screen und der LED-Wall ein Audi-Modell konfigurieren und sogar virtuell eine Probefahrt machen – um die Allianz-Arena herum natürlich. Wer mag, kann sich das Modell sogar als Souvenir mitnehmen, allerdings nur als Skizze.

Weinstraße 7, 80333 München | ERÖFFNUNG Dezember 2020 | GRÖSSE 1000 m², drei Etagen | ARCHITEKTUR & LADENBAU Umdasch The Store Makers | LICHT Mylight/Umdasch (Planung); Zumtobel (Lichtlieferant) | FOTOS Umdasch

SCOTCH & SODA, DEN BOSCH

Mit mehr als einem Dutzend Eröffnungen hat die niederländische Fashion-Brand Scotch & Soda 2021 ein neues Kapitel in seiner Retail-Geschichte aufgeschlagen. Das soll auch bei der Gestaltung der Flächen deutlich werden. »Free Spirit« heißt das neue Store-Konzept, das auch im größten Store der Marke in Den Bosch seit April 2021 zu sehen ist.

FREIGEIST IM THEATER

Gedeckte Farben wie Wolkenweiß, Aktivkohle und Hellbraun. Dazu farbliche Akzente in Sonnengelb, Rosarot und Burgunderrot. Vintage-Möbel und maßgeschneiderte Warenträger wie eine Bar als Auslage für Accessoires aus altem Messing, Marmor und pulverbeschichtetem Stahl. Dazu strukturierte Fliesen, Holzboden und selbst designte Tapeten. Vor dem inneren Auge entsteht schon beim Lesen der Beschreibung des neuen Store-Konzepts von Scotch & Soda ein stimmiges Bild, das sich in den mehr als einem Dutzend neugestalteter Stores bestätigt. Mit der Umgestaltung des Ladens in Utrecht starteten die Niederländer eine in der Unternehmensgeschichte einmalige Retail-Offensive. Weltweit wurden Flächen neu gestaltet und eröffnet. Eine der, allein wegen der Größe, Aufsehen erregendsten ist dabei sicherlich die Eröffnung des mit mehr als 500 m² Verkaufsfläche größten Stores der Brand im niederländischen 's-Hertogenbosch, das umgangssprachlich Den Bosch genannt wird.

Hier hat Scotch & Soda ein 1919 erbautes Theater bezogen. Nach dem Zweiten Weltkrieg wurde das beeindruckende Gebäude als Kino genutzt. Im ehemaligen »Luxor Theatre« präsentiert jetzt Scotch & Soda einmal mehr sein neues Store-Konzept »Free Spirit«. »Mit unserer neuen Identität möchten wir unsere Weiterentwicklung definieren und eine neue Ära des Markenausdrucks und Storytellings mit unserer Wachstumsambition einleiten, während wir gleichzeitig die negativen Auswirkungen der Covid-19-Pandemie auf unsere derzeitige Performance bewältigen«, sagte CEO Frederick Lukoff anlässlich der Vorstellung des neuen Konzeptes. »Wir blicken überaus optimistisch in die Zukunft und auf das nächste Kapitel unserer Marke.«

Dabei darf aber der Blick zurück nicht fehlen. So wurde bei der Gestaltung des Ladens in Den Bosch, in dem die Frauen-, Männer- und Kinderkollektionen zu finden sind, die breite Treppe, die einst zum Theater- und später zum Kinosaal führte, miteinbezogen. Sie sorgt für einen luftigen Eindruck und vermittelt Weite mitten im Store. Und auch bei der Gestaltung des neuen Logos der Marke besteht ein Bezug zur Vergangenheit. Die Buchstaben wirken filigraner als zuvor und im Und-Zeichen des neuen Logos sind Faden und Nadelöhr zu sehen: ein Tribut an die Handwerkskunst.

Hooge Steenweg 15, 5211 JN 's-Hertogenbosch, Niederlande | ERÖFFNUNG April 2021 | GRÖSSE 510m², drei Etagen | ARCHITEKTUR Store Development Scotch & Soda | LADENBAU Storiginals | LICHT Elio Lighting | FOTOS Courtesy of Scotch & Soda

HAUS DOSAN, SEOUL

Die südkoreanische Brillenmarke Gentle Monster startet mit dem Hauskonzept in Seoul in eine neue Ära des Verkaufens und des Retail Designs. Zum ersten Mal finden die Kunden dort alle Labels des Unternehmens – neben Brillen Kosmetik und Desserts – unter einem Dach.

DREI MARKEN, EIN ERLEBNIS

Von außen betrachtet könnte Haus Dosan in Seoul wohl so ziemlich alles sein. Museum, Rathaus, Bibliothek – Retail ist nicht unbedingt das, was einem beim Betrachten der brutalistisch anmutenden Fassade als erstes einfällt. Bevor Gentle Monster einzog, war dort eine bunte Mischung aus Marken-Flächen, Buchladen, Cafés und Flohmarkt beheimatet.

Jetzt steht an der Beton-Fassade groß Haus 0 10 10 10 1 geschrieben. Die Zahl 01 sei aus der Quantenmechanik abgeleitet und stehe für die »Future Forward«-Richtung, die das südkoreanische Unternehmen eingeschlagen hat. Der Begriff »Haus« sei eine metaphorische Beschreibung des Einzelhandels der Zukunft, der verschiedene Marken beheimaten werde, heißt es. Welche Marken

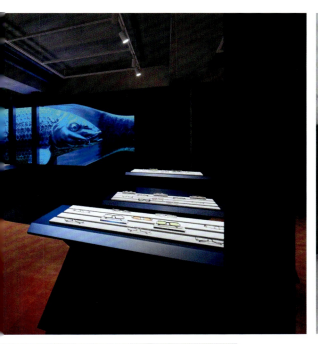

das zum Start sind, steht wie auf einer Art Türschild auf der Betonmauer geschrieben, die das fünfstöckige Haus mit einer Gesamtfläche von 1600 m² umgibt. Neben der exzentrischen Brillenmarke sind das die Kosmetikmarke Tamburins sowie Nudake, eine Marke für Desserts und Kuchen mit künstlerischem Anspruch.

Das Unternehmen ist bekannt dafür, dass seine Läden mehr Erlebnisreise, als reine Verkaufsflächen sind. Entsprechend haben sich viele davon zu Pilgerstätten entwickelt für alle, die sich für Retail Design interessieren. Mit dem Begriff »Markenerlebnisraum« kann wohl auch Haus Dosan am treffendsten beschrieben werden. Beim Betreten des Gebäudes mitten in Gangnam-gu am Dosan-Park gelegen, dem modernen, quirligen Zentrum von Seoul, gelangt man in eine Art Lounge, deren Ziel es ist, Emotionen zu wecken, die nichts mit einem gewöhnlichen Einzelhandelsgeschäft zu tun haben. Sinnbildlich für die Kreativität von Gentle Monster soll eine riesige 3D-Installation des belgischen Multimedia-Künstlers Frederik Heyman stehen. Auch der Sound, der im Gebäude zu hören ist, wurde exklusiv für Haus Dosan erschaffen, in Kooperation mit dem venezolanischen Produzenten und Musiker Arca.

In der ersten Etage sind die optischen Brillen von Gentle Monster beheimatet. Atmosphärisch ist sie geprägt von Minimalismus und Reduktion. Die Videoinstallation »Truth or Dare« in der Mitte des Raumes stammt von dem in London und Berlin lebenden Künstler Jonas Lindstroem. Mit langsamen, behäbigen Bewegungen soll sie Spannung und Rhythmus in den schlichten Raum bringen. Die Sonnenbrillen werden im zweiten Stock angeboten. Eyecatcher hier ist der sechsbeinige Roboter »The Probe«, der von Gentle Monsters eigenem Roboterlabor entwickelt wurde. Der gigantische Körper und die filigrane Haut sollen das Konzept des Hauses Dosan symbolisieren.

Eleganz und Natürlichkeit dominieren auf der oberen Etage, wo die Kosmetik-Brand Tamburins beheimatet ist. Weiß, Schwarz und Sonnenschein sind charakteristisch für diese schlichte Fläche. Highlights setzen. Ein kinetisches Objekt, das von Schilf im Wind inspiriert ist, belebt das Ambiente. Allerlei Leckereien finden die Besucher im Basement des Hauses. Dort befindet sich das Flagship des Dessert-Labels Nudake. Empfangen werden sie von einem langen Tisch, bestückt mit Nachtisch-Kreationen, deren Optik das Thema Süß- und Backwaren komplett neu definiert.

50, Apgujeong-ro 46-gil, Gangnam-gu, Seoul, Republik Korea | ERÖFFNUNG Februar 2021 | GRÖSSE 1600 m², fünf Etagen | ARCHITEKTUR Gentle Monsters inhouse Spatial Design Team | LADENBAU keine Angabe, Artist Fredrick Heyman hat eine 3D-Installation entworfen | LICHT keine Angabe | FOTOS Gentle Monster

BURBERRY, LONDON

No.1 Sloane Street ist die neue Adresse für Luxusmode. Dort eröffnete Burberry im Herzen von Londons Knightsbridge seinen ersten Flagship-Store im neuen Designkonzept. Entworfen hat das Interior der Architekt Vincenzo De Cotiis.

DEBÜT MIT NEUEM DESIGN

Investition in luxuriöses Store-Erlebnis in Zeiten des Online-Booms: Die britische Luxus-Modegruppe Burberry mag die Integration zwischen Offline- und Online-Kanälen vorantreiben. Das hält sie aber nicht von beträchtlichen Investitionen in ihr Ladennetz ab. In prominenter Lage an der Sloane Street im Herzen des Viertels Knightsbridge hat Burberry seinen ersten Flagship-Store im neuen globalen Design eröffnet.

Unmittelbar gegenüber vom Edelkaufhaus Harvey Nichols und wenige Meter entfernt vom Nobel-Department Store Harrods setzt Burberry mit der imposanten Fassade einen markanten Akzent. Das Design des 857 m² großen Stores mit zehn Räumen, verteilt auf drei Etagen, wurde in Zusammenarbeit mit dem Architekten Vincenzo De Cotiis entwickelt.

Herkömmliche Regeln werden verzerrt, in der Kombination von Klassizismus mit brutalistischen Architekturelementen und luxuriösen Materialien wurde ein distinktives modernes Flair kreiert. »Unser Store ist eine Demonstration all dessen, was Burberry ausmacht: authentisch, mutig, erhaben, mit Kreativität im Kern«, sagt Marco Gobbetti, Burberry Chief Executive Officer, »ein offener und einladender Platz, vor allem reich an Details. Wir wollten ein Zuhause, in dem Kunst, Kultur und die Leute sich durch eine intelligente und elegante Modernität bewegen.«

Der Standort des Flagship-Stores ist eng mit dem Erbe der Luxusmarke verbunden, denn Thomas Burberry eröffnete seinen ersten Store in diesem Londoner Einkaufsviertel. 130 Jahre später ist es nach wie vor der Heimatort der Marke und der Standort der weltweiten Konzernzentrale. In dem großzügigen und hellen Laden stehen kontrastierende Elemente in harmonischer Balance zueinander. Stärke trifft auf Weichheit, Lampen und Sockel aus verschiedenen Materialien – von Zement bis hin zu Keramik mit Hochglanzfinish – sorgen durchgehend für ein helles modernes Flair. Beige-, Schwarz-, Weiß- und Rottöne reflektieren die Burberry-Farbpalette, während das unverwechselbare Karomuster sich als verspiegeltes, beleuchtetes Gitter über die Decke zieht.

»Dies ist eine Geschichte über das neue Zuhause von Burberry«, kommentiert der Architekt Vincenzo De Cotiis, »der offene Raum mit seinen zahlreichen Details heißt willkommen, das vertraute und doch experimentelle Umfeld erlaubt uns, aktiv an Tradition teilzunehmen.« Das Erdgeschoss ist den Trenchcoats und Lederwaren des Luxuslabels vorbehalten, während auf der ersten Etage Womenswear mit angrenzenden Sitzbereichen und dem Blick auf Knightsbridge zu finden ist. Die zweite Etage ist der Menswear mit Ready-to-wear, Accessoires und Schuhen gewidmet.

Burberry No. 1 Sloane Street, London, Großbritannien | ERÖFFNUNG Juli 2021 | GRÖSSE 857 m², drei Etagen | ARCHITEKTUR Vincenzo De Cotiis x Burberry Design Studio | LADENBAU Sice Privet | LICHT Firefly | FOTOS Burberry

MANGO, DÜSSELDORF

Weltpremiere in Düsseldorf. Der spanische Fast Fashion-Spezialist Mango hat in der Innenstadt der Modemetropole ein 1400 m² großes Flaggschiff mit nagelneuem Store-Design eröffnet. Das Geschäft befindet sich in dem spektakulären neuen Gebäudekomplex Kö-Bogen 2 in der Schadowstraße.

MANGOS MEILENSTEIN

Warme Töne und neutrale Grundfarben im Mix mit traditionellen und natürlichen Materialien wie Keramik, Tuffstein, Holz, Marmor, Espartogras und Leder. Das neue Konzept des spanischen Unternehmens ist schon auf den ersten Blick stark beeinflusst von der mediterranen Kultur und Mode. Jan Rivera, Creative und Image Director: »Mit diesem neuen Ladenkonzept beabsichtigen wir, die Essenz der Marke widerzuspiegeln. Die mediterrane Kultur gehört zu allem, was wir als Marke unternehmen, und zu dem, was uns als Menschen, die wir dahinter stehen, ausmacht, deshalb möchten wir mit dieser Philosophie auf unsere Kunden zugehen.«

Ausgangspunkt für die Entwicklung war laut Mango der Input der so genannten Innovation Community, eine Art Kunden-Beirat. Das Resultat soll ein »funktionaler, entspannter und einladender Raum sein, der die Interaktion zwischen Kunden und Ladenpersonal fördert«, heißt es. So sind in dem Store neue Dienstleistungen und Funktionalitäten integriert, wie z. B. die Concierge-Station, eine zentrale Anlaufstelle für die Kunden. Außerdem gibt es auf allen Etagen Kassen und die Umkleidekabinen sind größer als bisher.

Was das Thema Omnichannel betrifft, gibt es einen eigenen Click & Collect-Bereich. Darüber hinaus werden exklusive Online-Kollektionen gezeigt, die die Kunden im Geschäft ansehen und probieren können. Auch technologisch sei aufgerüstet worden: Mit der »bahnbrechenden Technologie der In-Store-Analytik (Deep Learning) in Kombination mit RFID werden Daten für das Ladenpersonal bereitgestellt, um kontinuierliche Verbesserungsinitiativen u. a. für die Verfügbarkeit von Kleidungsstücken, die Verteilung der Kollektionen und die In-Store-Navigation umzusetzen«.

Die Bedeutung des stationären Retails für das Unternehmen betont Global Retail Director César de Vicente: »Unsere Branche befindet sich mitten im Wandel und Mango auch. Die Läden werden immer ein bevorzugter Touchpoint unserer Kunden mit der Marke sein, und deshalb wollen wir ihnen einzigartige und personalisierte Erlebnisse bieten, unterstützt durch Omnichannel-Technologien und -Services und in einer einladenden Umgebung.« Die Stores sollen nicht nur Orte sein, an denen die neuesten Kollektionen ausgestellt werden, sondern den Kunden auch die Möglichkeit bieten, den mediterranen Lebensstil in jeder Hinsicht genießen zu können.

Schadowstraße 48, 40212 Düsseldorf | ERÖFFNUNG März 2021 | GRÖSSE 1400 m² | ARCHITEKTUR, LADENBAU & LICHT Mango | FOTOS Jochen Arndt

LA SAMARITAINE, PARIS

16 Jahre mussten sich die Pariser gedulden. Im Sommer 2021 hat das Warten ein Ende. Nach einer 750 Mio. Euro teuren Restaurierung hat die französische Hauptstadt eines ihrer schönsten Kaufhäuser zurück: La Samaritaine am Fuße von Pont Neuf öffnet wieder seine Türen. 20.000 m² Fläche in einem historischen Art déco-Gebäude. Lichtdurchflutet. 600 ausgewählte Marken auf sechs Stockwerken.

DEPARTMENT STORE DE LUXE

16 Jahre hatte La Samaritaine im Dornröschenschlaf gelegen, im Juni 2021 ist Paris' wohl schönstes Kaufhaus wiedererwacht. Frankreichs Staatspräsident Emmanuel Macron ließ sich die Chance nicht nehmen und nahm persönlich an der Einweihung teil. Auf Twitter schrieb er: »Paris hat eines seiner Meisterwerke wieder. Unser Kulturerbe ist lebendiger denn je.«

Bereits 2010 hatte der Luxuskonzern LVMH über seine Duty Free Sparte DFS den historischen Department Store im Herzen der Stadt übernommen. Da hatte das in die Jahre gekommene und offenkundig teilweise marode »Samar«, wie es die Pariser nennen, bereits seit fünf Jahren geschlossen. Aus Sicherheitsgründen. Der neue Eigentümer LVMH investierte rund 750 Mio. Euro in die Sanierung und Restaurierung des historischen Art déco-Gebäudes und ergänzte es um einen Neubau der japanischen Architekten Sanaa. Auf 20.000 m² präsentiert sich La Samaritaine nun in neuem Licht. Und das ist durchaus wörtlich zu verstehen.

Das historische Glasdach im Art Nouveau-Gebäude und die historischen Fenster mit den ikonischen Eiffel-Strukturen wurden um zwei neue Skylights von Sanaa ergänzt.

Der Stilmix von Historie und Moderne zieht sich durch das gesamte Haus. Im historischen Gebäude am Pont-Neuf-Ufer trifft ein Terrazzo-Boden auf graues Eisen im Art déco- und Art Nouveau-Details. Der Neubau an der Rivoli-Seite steht dagegen für klaren modernen, urbanen und wohnlichen Industrie-Stil. An vielen Stellen auf den Flächen laden Sitzgruppen zum Verweilen ein. 600 Marken beherbergt Paris' neuer Konsum-Palast. Highlight im Untergeschoss: die nach eigener Aussage mit 3400 m² größte Beauty-Abteilung Europas. Sie verbindet beide Gebäudeteile unterirdisch miteinander. Helles Fischgrat-Parkett, Bodenmosaike und vergoldete filigrane Eisenstrukturen im Eiffel-Stil erinnern an historische Gewächshäuser und die Heritage des La Samaritaine. 200 Beauty-Brands finden sich hier – präsentiert im Neubau in urbanem Ambiente mit unbehandeltem Holz, gewachstem Beton und Eisenmöbeln.

La Samaritaine hatte schon vor der Eröffnung den Anspruch formuliert, kuratierter aufzutreten, weniger auf Concessions zu setzen, stärker selbst zu gestalten. Im Erdgeschoss lässt sich erkennen, wie dieser Spagat versucht wird. Designer-Accessoires und Lederwaren werden im Erdgeschoss zwar in den einschlägigen Shops der großen Luxusmarken Dior, Louis Vuitton und Celine angeboten, aber auch auf Multibrand-Flächen mit Schwerpunkt auf französisches Design mit Labels wie Jerôme Dreyfuss, Isabel Marant, A.P.C. und Aufsteigern wie Wandler, Dragon Diffusion, Danse Lente oder Vanina.

In der ersten Etage findet sich die Womenswear mit den großen Maisons Dior, Fendi, Gucci, Prada wie auch Loewe, Dries Van Noten, Alexander McQueen, Marni, Chloé, Sacai, Alaïa. Mit Contemporary Brands wie Sandro und Maje, Self Portrait, In The Mood For Love. Auch die Menswear setzt auf Luxusbrands wie Louis Vouitton, Dior, Gucci und Co. ebenso wie auf Luxury Streetwear von Off-White, Balmain und Stone Island. Acne, Maison Margiela und Thom Browne runden das Sortiment ab ebenso wie Sneaker von Alexander McQueen und Schuhe von Balmain, Acne und Balenciaga. Auf der Rivoli-Seite, im Neubau, bricht La Samaritaine mit den traditionellen Department Store-Strukturen und inszeniert sich als Concept Store mit klarem Fokus auf Millennials. Im Erdgeschoss empfangen Brands wie JW Anderson, Sunnei, Ambush sowie Marni, Casablanca, Ahluwalia, Juun.J und junge französische Aufsteiger wie EGONlab. Und in der Womenswear Loungewear von Danoises de Rotate, Kapsel-Kollektionen von Ganni and Nanushka, koreanische Brands wie Pushbutton und System und die ultraminimalistischen Styles von The Frankie Shop. Gefolgt im ersten Stock von Streetwear Brands wie Billionaire und Carne Bollente, ein Sneaker Space der nachhaltigen Sneaker Shinzo Green sowie Pariser Labels wie APC, Maison Kitsuné, Etudes und Atelier de Nîmes. Gegenüber Outerwear von Canada Goose, The North Face und Patagonia.

Zwölf Bars und Restaurants runden das Shoppingerlebnis ab. Herzstück der Gastronomie ist das rund 1000 m² große Restaurant Voyage unter dem Art Nouveau-Glasdach. Geöffnet von 12 Uhr bis 2 Uhr morgens. Für all jene, die ihren Besuch im La Samaritaine in den Sozialen Medien dokumentieren wollen, haben professionelle Fotografen die besten Perspektiven für Selfies im Store ausgelotet und markiert.

---

9 Rue de la Monnaie, 75001 Paris, Frankreich | ERÖFFNUNG Juni 2021 | GRÖSSE 20.000 m² | ARCHITEKTUR Sanaa (Neubau) | BAUMANAGEMENT, LADENBAU & LICHT keine Angaben | FOTOS La Samaritaine

KUNZE

Die Unternehmen der KUNZE GROUP sind das ideale Beispiel dafür, dass 3 mal 1 mehr als 3 ist.

Egal ob Ladengeschäft, Shop-in-Shop-System, Praxis, Büro, Hotel, Gastro, Wohnräume oder Ihr ganz spezielles Projekt - das Trio der KUNZE GROUP stellt es auf die Beine.

Mit Herz und Leidenschaft für Ihr Projekt...

Ladenbau | *Architektur* | *Werkstätten*

Kunze GmbH | Daimlerstraße 5A | 25337 Elmshorn | Telefon +49 (0) 41 21 - 78 06-0 | www.kunze-group.eu